청년
현재사

당신이 말하는 청년은 '우리'가 아니다

청년현재사 靑年現在史

©김창인·전병찬·안태언, 2019

초판 1쇄 2019년 1월 28일 발행
초판 2쇄 2019년 4월 9일 발행

지은이 김창인·전병찬·안태언
기 획 청년담론
펴낸이 김성실
책임편집 김태현
디자인 채은아
제작처 한영문화사

펴낸곳 시대의창   **등록** 제10−1756호(1999. 5. 11)
주소 03985 서울시 마포구 연희로 19−1
전화 02)335−6121   **팩스** 02)325−5607
전자우편 sidaebooks@daum.net
페이스북 www.facebook.com/sidaebooks
트위터 @sidaebooks

ISBN 978−89−5940−686−9 (03300)

잘못된 책은 구입하신 곳에서 바꾸어드립니다.

이 도서의 국립중앙도서관 출판시도서목록(CIP)은
서지정보유통지원시스템 홈페이지(http://seoji.nl.go.kr)와
국가자료공동목록시스템(http://www.nl.go.kr/kolisnet)에서 이용하실 수 있습니다.
(CIP제어번호: CIP2018043140)

당신이 말하는 청년은 '우리'가 아니다

청현년재 × 사

김창인 · 전병찬 · 안태언 지음 | 청년담론 기획

시대의창

'청년 문제'에 공감하지 않는 청년들

〈반두비〉라는 영화가 있다. 한국에서 험난한 차별과 배제 속에 살아가는 이주노동자의 모습을 다룬 좋은 기획의 영화다. 개봉 당시 몇몇 이주노동자들은 자신들의 일상을 주인공으로 내세운 이 영화를 단체 관람했다. 영화를 보고 나서의 반응은 어땠을까? 자신들의 참혹한 현실과 영화를 비교하며 공감했을까? 의외로 반응이 영 시원치 않았다. 이들은 입을 모아 영화 속 이야기는 자신들의 삶과 거리가 멀다고 말했다. 이주노동자들이 한국 사회에서 많은 차별을 받고 있기는 하지만, 저 정도는 아니라는 것이다. 이들에게 지나치게 과장된 영화 속 억지 설정은 불편하기까지 했다. 뉴스나 포털에서 청년 문제를 볼 때 요즘 청년들이 느끼는 감정이 이와 비슷하지 않을까.

청년 하나

나는 스무 살이다. 남들보다 부족하지도 넘치지도 않게 살아왔다. 딱 노력한 만큼의 대학에 왔다. 처음이자 마지막인 이 스무 살이 좋다. 무난하게 수업을 듣고, 적당히 알바를 하면서 친구들을 만나 술을 먹고 쇼핑을 한다. 방학 때면 바짝 알바를 땡기고 어디든 여행도 떠날 계획이다. 그렇다. 이제 난 '청년'이고, 내 삶을 즐길 준비가 됐다.

하지만 세상은 이런 나에 대해 걱정이 많다. 지금부터 학점을 따지 않으면 큰일이라고, 스펙이 어쩌구, 취업난이 저쩌구. 뉴스에선 연일 청년 문제에 대해서 다루지만, 사실 별 관심이 안 간다. 내 일이라고 느껴지지 않기 때문이다. 간혹 포털에 기사가 뜨면 눌러보는 정도? 솔직히 기사를 봐도 내용은 기억나지 않는다. 암울하기만 한 것이 거기서 거기다. 청년 실업이 사상 최고치를 기록했다느니, 청년들이 시궁창 같은 자취방에서 살고 있다느니, 어느 청년이 열악한 노동환경에서 일하다 안타깝게 목숨을 잃었다느니. 마음 한구석이 불편하긴 하지만, 내 일은 아니다. 나에게 청년 문제란, '강 건너 불구경'이다. 저기 멀리서 불이 났고, 나도 그곳으로 가고 있지만, 아직 뜨겁진 않다.

이게 요즘 말하는 '욜로'일까. 하지만 알고 있다. 언젠가 나도

욜로에서 'N포'로 돌아서겠지. 나이가 들고 취준에 들어가면, 하나둘씩 뭔가를 포기해야겠지. 내가 강을 건너기 전에 누군가가 바꿔준다면 고마운 일이려나.

청년 둘

나는 스물넷이다. 경기도 남양주에서 배터리 테스트 기계를 만드는 공장에서 일한다. 조립 부서 말단 사원으로 청소부터 시작해서 이것저것 잡다한 일들을 도맡아 한다. 월 200만 원 정도 받으면서 아침 7시 30분부터 밤 11시까지 일한다. 회사 그리고 집. 일 그리고 잠. 생활 패턴은 단순하다.

누군가는 힘들지 않냐고 묻겠지만, 회사란 게 원래 그런 곳이다. 기왕 입사한 거 시키는 것만 잘하면 된다. 물론 불만이 없는 건 아니다. 능력이 아니라 나이에 따르는 위계질서, 강제적인 회식 문화. 싫다. 하지만 회사의 문제를 개인이 해결할 수는 없다.

내게도 대학을 다니던 시절이 있었다. 비록 지방에 있는 대학이지만 최선을 다해서, 열심히 다녔다. 과 대표도 했고 성적도 나쁘지 않았다. 그런데 문득 생각이 들었다. 이게 학교 밖에서 도움이 될까? 그래서 무작정 사회로 뛰쳐나왔다. 휴학을 하고 열다섯 가지가 넘는 직종을 오가며 일했다. 반년 동안은 아파트 현장에서 노가다를 하면서 등록금을 갚았다.

요즘 청년 실업이니 뭐니 떠들어도 결국 문제는 자기 자신에게 있다. 시도조차 하지 않고 기회만 바라는 태도를 고쳐야 한다.
나도 내가 하고 싶은 게 있다. 하지만 나는 내 삶을 사랑하는 법을
안다. 버티고 또 버티다가 내 사업을 꾸릴 계획이다. 하고 싶은 건
그때 다 할 수 있을 거다.

청년 셋

나는 스물다섯이다. 대학 졸업을 앞두고 있다. 대학원 진학과
취업을 두고 고민 중이다. 최근 인턴을 하면서 고민이 시작됐다.
○○오일에서 한 달 정도 인턴을 하면서 가스 회사에 관심이
생겼다. 그때의 회사 분위기와 경험이 매우 좋았다. 지방으로
내려가 근무를 해야 하는 것 딱 하나만 마음에 걸렸다. 그래서
고민을 하다가 지방으로 가더라도 대도시면 되겠다 싶어 가스
회사를 골랐다. 가스 회사는 지방이긴 하지만 대부분 대도시에
있기 때문이다. 직장을 선택하는 기준은 연봉보다는 복지다.
그래서 주변 친구들이 주로 목표로 하는 S기업은 애초에 염두에
두지도 않았다. 야근 덜하고 사원 복지가 좋은 곳이 더 낫다. 물론
연봉이 기본은 되어야겠지만.
　부모님은 가스 회사보다는 대학원을 선호하신다. 아무래도
미래를 고려할 때, 학사 졸업만으로는 전문성과 경쟁력이
떨어지기 때문이다. 가스 회사는 일 년에 TO가 한 자리도 안 나는
경우도 있어서, 대학원 쪽에 더 마음이 기울기도 한다.

이렇게 고민을 하면서 스펙을 따로 챙기고 있다. 영어, 자소서 그리고 인턴도 한 번 더 넣어보려고 인적성 시험을 준비하고 있다. 다들 취업난이라고 하지만, 솔직히 취직을 못 할 것 같진 않다. 명문대에 공대생. 나름 좋은 조건을 갖추고 있기 때문이다. 취업은 상상만 해도 행복하다. 정시에 출근해서 너무 늦지 않게 퇴근하고, 휴가가 생기면 돈 걱정 없이 여행을 다니고 싶다.

그리고 '청년 문제'가 낯선 청년들

당혹스러웠다. '청년 문제'에 대해 말하고 싶어서 청년들을 직접 만나 인터뷰를 했다. 스무 명의 청년 인터뷰어가 모여 백 명의 청년들에게 묻고, 또 대화했다. 요즘 청년들이 이렇게 힘들다고. 우리가 진짜 이렇게까지 살고 있다고. 더 분노하기 전에 좀 챙겨달라고. 솔직히 이런 글을 쓰고 싶었다. 하지만 그중 원하는 대답은 몇 되지 않았다. '청년 문제는 내 일이 아니다', '청년 실업도 결국 눈높이의 문제다', '취업난이지만 회사를 고를 수 있는 능력이 있으니 괜찮다'. 이들의 이야기는 특별한 것이 아니다. 우리가 만났던 청년들의 날것 그대로의 민낯이다. 꽤나 많은 청년들이 '청년 문제'에 대해 공감하지 못하거나, 심하게는 반감마저 가지고 있었다.

청년들을 인터뷰하기 위해 모인 청년들의 상황도 별반 다르지 않았다. 왜 청년들을 만나 인터뷰를 하고 싶었냐고 물었을 때, 가장 많았던 답변은 놀랍게도 "뉴스에 나오는 청년 문제가 공감되지 않아서"였다. 그래서 자신들이 직접 청년들을 만나보면서 이 시대 청년들이 직면한 문제가 무엇인지, 그 실체를 확인해보고 싶다는 것이었다. 처음에는 인터뷰어에 지원한 청년들이 일반적으로 말하는 힘들고 어려운 청년들이 아니라, 청년 문제에서 자유로운 '특수'한 계층의 청년들이라고 생각했다. 정말 먹고살기 어려운 청년들은 동아리나 대외 활동에 참여하기 어려울 테니까 말이다. 등록금을 벌기 위해 수업이 끝나자마자 알바를 전전하는 청년들은 우리 눈앞에서 자연스럽게 사라져버린 것이라고 믿었다. 하지만 인터뷰를 진행할수록, 100명의 청년들을 만난다는 목표에 가까워질수록 의문이 들었다. 인터뷰어로 참여한 청년들뿐만 아니라, 인터뷰이로 참여한 청년들 또한 상황이 별반 다르지 않았기 때문이다. 물론 힘들고 어려운 상황에서 눈물 나는 사연을 가진 청년들도 있었고 많은 청년들이 "너무 힘들다"고 했지만, 별로 힘들지 않고 "그럭저럭 살 만하다"고 대수롭지 않게 말하는 청년들도 그만큼 있었다.

"저는 청년 실업이니 뭐니 중요하지 않다고 생각합니다. 좋은 기회만 노리는 이기적인 마음이 문제라고 봐요. 어려운 상황 속에서도 자기가 노력하면 성공할 수 있어요. 물론 그 성공을 위해 조금 더 먼저 사회에 뛰어든 사람들이 아껴주고 도와줘야 한다고 생각합니다."

생산직 노동자 도식

"저는 현실에 만족해서 살려고 하는데 주변에 있는 친구들은 불만이 있는 거 같고. 불만이 있으면 스트레스를 받잖아요. 그 스트레스를 해소해야 하는데, 그럴 생각을 안 하는 것 같아요. 그냥 다 참고 있는 거예요. 도망가든가 아니면 해결하든가. 해결하고 싶으면 현실에 만족하든가 목소리를 내든가. 아는 동생도 개발자로 있는데, 주말 출근은 당연하고 야근도 새벽 세 시까지 하고. 그거에 대한 보상을 다 못 받죠. 거기에 불만을 가지고 있는데, 그러면 말을 하든가. '말해도 어쩔 수 없겠지'라고 회사 입장에서 생각하고 넘기려고 하더라고요. 불만이 있으면 회사를 나오든가, 위에 얘기를 해서 해결을 하든가 해야 한다고 생각해요."

IT 개발자 대희

"아무리 돈을 벌어도 집 사기 힘들어요. 근데 모두가 힘들어요. 그리고 전 왜 집이 꼭 사람들의 목표 1순위가 되는지 모르겠어요. 시대가 변하고 있는데 우리 젊은 세대도 목표가 바뀌어야 되지 않을까요."

비정규직 보험설계사 우석

뉴스를 보면 청년들이 당장 다 굶어 죽을 것처럼 난리지만, '할 건 다하면서 그럭저럭 살아가고 있는 청년들'도 제법 많다. 맛집을 찾아다니고, 일주일에 두세 번은 데이트를 하거나 친구들과 술을 마신다. 술이나 커피도 좋은 것을 골라서 마시고,

취향에 따라 전시회나 뮤지컬도 보러 다닌다. 취준에 돌입하면 잔소리를 들으면서 부모님의 압박과 경제적인 부담에 죄책감을 느끼긴 하겠지만, 어쨌든 가능한 만큼 부모님의 지원을 받는다. 사실 '죽을 만큼' 힘들지는 않다. 직장 생활도 마찬가지다. 상사의 꼰대질, 매일 같은 야근, 쥐꼬리만 한 월급은 고통스럽다. 그래도 '미생'에 나오는 것처럼 하루하루 매시간이 '전쟁'과 '지옥'같은 것만은 아니다. 집값도 비싸긴 하지만 '좋은 건물', '좋은 위치'를 포기하면 내 한 몸 누일 곳 찾기가 불가능한 것만은 아니다. 어떻게 보면 흔한 '꼰대'들의, "우리 땐 너희보다 더 힘들었어"라는 잔소리가 맞는 것도 같다. 확실히 그때보다 한국 사회 삶의 질은 더 높아졌고, 기성세대가 청년일 때보다 지금의 청년들이 어느 측면에서는 덜 힘든 것도 맞다.

하지만 시도 때도 없이 나오는 청년 실업률 통계와 매 학기 자취방을 구하는 학생들의 한숨, 1인당 평균 천만 원이 넘는 청년 부채에 대한 이야기는 또 무엇일까? 모두 엄살일까? 미디어의 과장일까? 아니면 요새 젊은것들이 '노오력'이 부족해서 생기는 현상일까?

당연히 아니다. 대한민국이 '헬조선'이고, 청년들이 먹고살기 위해 끊임없이 무언가를 포기하고 있는 것도 엄연한 현실이다. 앞서 말한 '그럭저럭 잘 사는 청년들'에 속하지 못하는 수많은 청년들이 있고, '그럭저럭 잘 사는 청년들'도 자세히 보면 저마다 소중한 무언가를 잃어가며 살고 있다. 지금의 청년 문제에

대한 청년들의 괴리감은 '청년들이 힘들지 않아서' 생기는 것이
아니었다. 오히려 청년들의 고민과 무관하고 잘못된 방향으로
청년 문제에 대해 접근하기 때문에 생기는 오류였다는 걸
인터뷰를 하며 알 수 있었다.

그럼에도 우리는 '청년'을 말한다

그럼 이제 '청년'에 대해 말하려면 어떻게 해야 하는 것일까.
"88만원"으로 상징되는 힘든 청년 세대는 짱돌을 들고
일어나라고 했던 누구, "아프니까 청춘"이라며 위로해주고자
했던 누구, 군말 없이 이들의 말을 따라야 할까? 아니면 이 모든
건 자본주의 탓이라는 뻔한 관점으로 대충 덮어버릴까? 청년
실업률이 얼마고 청년들 식탁의 영양분 구성은 어떻고 하면서
숫자 놀음으로 객관적인 통계를 제시하면 설득력이 생길까?
　청년 문제에 대한 청년들의 괴리감은 '힘듦의 정도'에서 오는
것이 아니라, '힘듦'을 다루는 방식에서 나온다. 애초에 '얼마나
힘드냐'라고 질문하고 접근하는 방식 자체가 끊임없이 청년들
스스로 힘듦을 증명하라고 요구하는 것이다. 청년들은 각자 자기
자신이 얼마만큼 힘든지를 생각하고 비교하고 저울질하게 된다.
그러다가 힘들어도 힘들지 않다고 자신의 처지를 부정하다가,
동정을 받고 싶진 않지만 도움이 필요한 상황에 접하며 모순에
처하기도 한다.

그런데 뉴스와 정치권에서는 청년들이 왜 힘든지에 대한 깊은 고민 없이 그저 '청년들이 힘들다'는 사실만 부각시키려고 한다. 결국 현실과 괴리된, '힘들어하는 청년'이라는 이미지만 남아버렸다. 미디어는 다양하고 입체적인 청년들의 삶을 단편적이고 평면적으로 조각내어 보여준다. 그러니 청년 문제가 청년들에게 '나의 일'로 느껴질 리도, 현실감 있게 다가올 리도 없다.

이러한 한계들을 넘어 현실의 땅을 딛고 '실존'하는 청년들에 대한 이야기가 필요하다. 그래서 우리가 직접 만났던, 살아 숨 쉬는 청년들의 이야기를 이제부터 풀어보려고 한다. 청년들의 현재사, '당신'이 아닌 '우리'가 말하는 청년의 이야기다. 그리고 이건 비단 '청년'에 대한 이야기만은 아니다. 청년들이 직접 말하는 솔직한 이야기는 작금의 청년들이 겪고 있는 어려움의 실체를 확인하는 것을 넘어, 기성세대가 느낄 수 없었던 한국 사회의 병폐들과 모두 연결되어 있었기 때문이다.

그래서 이건 누구나 알고 있지만, '아무도 몰랐던 청년'들의 이야기다. 모두 병들었지만 아무도 아프지 않은, 그런 청년들의 이야기다.

목차

프롤로그　**'청년 문제'에 공감하지 않는 청년들** *5*

인터뷰 소개　**프로젝트 '아무도 몰랐던 청년'** *18*

WHO:　**청년은 누구인가?** *19*

'사라진 청년들'/ 세대 프레임1: 정말 '청년'이라서 힘들까? /
세대 프레임2: 어른이 허락한 청년이즘 / 앙꼬 없는 찐빵, 세
대교체 없는 세대론 / 소결: 청년의 정체성을 새롭게 규정하자

청년비망록 Note 1, 2_생산직 노동자 도식, 구립 독서실 서무 현서

WHAT1:　**일자리 문제를 바라보는 청년적 관점** *45*

대기업, 공무원, 전문직: 아무나 하는 게 아니다 / 회사가 싫어
서: 어렵게 들어간 직장을 그만두는 이유 / 청년 실업, '책임'이
라는 방향성이 필요하다 / '칼퇴근'하고 맥주 한잔하고 싶을 뿐
인데

청년비망록 Note 3, 4_편의점 알바 희진, 9급 공무원 태훈

WHAT2: **청년 주거난의 본질** *77*

청년이 사는 빈민 아파트? / 노−답 부동산 / '내 집 마련'이 아니라, '우리 모두의 집'을 상상한다

청년비망록 Note 5, 6_고시원 거주자 승일, 자취생 호철

WHAT3: **청년이 가족을 거부하는 이유** *99*

헬조선에서 결혼이란? / 출산 파업과 아이 키우기 좋은 나라 / '출산율 괴담'의 진실 / 보론: 비혼주의, 결혼을 거부한다

청년비망록 Note 7, 8_전업주부 수현, 결혼 준비 중인 간호사 화영

HOW1: **국가의 역할** *123*

보편적 청년 복지에 대한 제언 / 청년을 위한 기본 소득, 지원을 넘어 미래를 고민하자

청년비망록 Note 9, 10_장애인 찬성, 한국계 중국인 윤주

HOW2:   **청년의 정치** *141*

정치에 무관심한 촛불 세대? / '청년 정치인'이라는 빛 좋은 개살구 / 정치 세력화: '짱돌'이 아니라, '계란'을 든 청년들 / '나이는 벼슬이 아니다'라는 말은 청년에게도 필요하다: 〈포데모스〉와 〈시대역량〉 / 기성세대와의 연대: '공감과 상생'이라는 환상 / 청년 정치 만들기 프로젝트: 순수함보다 시대정신
청년비망록 Note 11, 12_게이 지석, 레즈비언 수연

AND: **청년 담론** *175*

꼰대 담론: 권위주의에 대한 자정 작용 / 멘토: 찾는 것이 아니라 만드는 것 / 세대교체: 새 술은 새 부대에 / 맥주나 홀짝이지 않았으면 / 세상을 바꾸자
청년비망록 Note 13, 14_소방관 경환, 탈조선 병규

에필로그   **'청년'을 만난 청년들의 이야기** *201*
미주   *215*

인터뷰 소개

1. **프로젝트** 아무도 몰랐던 청년
2. **내용** 청년이 묻고 청년이 답하여 기록한 지금 한국 청년들의 진짜 이야기
3. **기간** 1차 2017년 6~8월, 2차 2018년 4~5월
4. **인터뷰어**
   - 총 26명 신청. '실업', '주거', '노동', '기타'. 총 4개 팀으로 구성.
   - 명단: 김창인(전체 대표 및 실업 팀장), 김지온(주거 팀장), 전병찬(노동 팀장), 김진산(기타 팀장), 안태언, 박선준, 김동수, 정나라, 서다연, 이경민, 조민주, 김운영, 김수빈, 김보왕, 최은혜, 장명주 외 10명.
5. **인터뷰이**
   - 총 102명 섭외. 사전 인터뷰 19명, 실업 인터뷰(취업 준비 중인 청년들) 15명, 주거 인터뷰 14명(주거 형태별로 모집), 노동 인터뷰 16명(직종, 직군별로 모집), 기타 인터뷰 10명(성소수자, 장애인, 해외 거주자 등), 종합적인 내용으로 추가 인터뷰 28명(앞의 주제 및 촛불 이후 한국 정치 등의 내용).
   - 인터뷰이 특성에 맞게 사전 준비한 질문지를 제공하고 인터뷰 진행, 녹취록 작성.

WHO:

청년은 누구인가?

〈미생〉의 청년들은 정글 같은 사회에서 살아남기 위해 하루하루 살얼음판을 걷는다. 〈족구왕〉에 나오는 대학생들은 스펙과 한점의 노예다. 〈이번 생은 처음이라〉의 청년은 '내 집 마련'이 인생의 목표다. 〈스물〉에 나오는 청년들은 현실이야 어떻든 어쩌라고 유쾌하고 끄끄한 우정이 최고다. 〈최강 배달꾼〉의 주인공은 붙이에 맞서 쎄우는 뜨거운 청년이다. 영화나 드라마에 나오는 청년들의 모습은 다양하다. 현실에 존재하는 청년들의 모습이 다양하기 때문이다.

하물며 영화나 드라마도 그려한데 현실에서 청년 문제에 접근하는 방식은 그다지 입체적이지 못하다. 모두가 자기 입맛대로 청년 세대를 바라보고 예단한다. 청년 세대는 2차원의 평면적 존재가 아니라, 당신들과 같은 공간에서 살고 있는 '입체적 존재'인데 말이다.

'사라진 청년들'

여기 취준생 김청년 씨가 있다. 김청년 씨는 서울권 중후반 서열의
대학에 다니고 있다. 졸업할 나이는 이미 지났지만 일부러 졸업을
늦추고 있다. 기업에선 재학생에 비해 졸업생을 별로 선호하지
않기 때문이다. 김청년 씨는 대기업 입사가 목표다. 중소기업에는
가고 싶지 않다. 시도 때도 없는 야근에 월급도 적기 때문이다.
기왕 야근할 거면 돈이라도 많이 벌고 싶다. 학교에 다니면서
등록금 때문에 한국장학재단에 진 빚만 3,000만 원이다. 이걸 다
갚고 집까지 구하려면 대기업 연봉 정도는 되어야 한다. 애인이
있지만 결혼은 먼 미래의 일이다. 결혼 비용과 집값도 대책이
필요하겠지만 무엇보다 아이라도 덜컥 생기면 정말 큰일이다.

애 하나당 키우는 비용이 3억이라고들 하는데, 지금 상황에서는
어림도 없기 때문이다. 신혼집을 서울에서 구할 생각은 없다.
인천 쪽에 싼 곳으로 전세를 알아보고 조금 멀더라도 서울까지
출퇴근할 생각이다. 사실 김청년 씨는 취준 2년 차다. 작년 한 해
동안 자소서 수십 통을 썼지만 취업에 실패했다. 더 이상 부모님
집에 얹혀살기도 눈치가 보인다. 김청년 씨는 자신의 인생이
'노-답'이라고 생각한다. 막막하다. 어떻게 살아야 할지 모르겠다.

　뉴스에서 말하는 청년들의 일반적이고 대표적인 어려움을
'김청년'이라는 가상의 인물을 만들어 재구성해보았다. 김청년
씨는 청년 실업 때문에 취직이 안 되고, 높은 집값 때문에
서울에서 사는 것도 포기했으며, 결혼도 고민 중이다. 등록금으로
진 빚 때문에 중소기업으로 눈을 낮추기가 어려운 상황이기도
하다. 많은 청년들이 김청년 씨의 상황에 공감할 것이다. 그러나
그보다 더 많은 청년들은 공감하지 못할 것이다. 왜냐하면 김청년
씨와 그들의 삶이 다르기 때문이다.

　일단 김청년 씨는 서울권 대학생이다. 게다가 대기업을 목표로
할 수 있을 정도의 학벌이다. 군대를 다녀온 남성이기도 하고,
연애를 할 수 있는 여력도 있다. 얹혀살 부모님의 집도 있다.
물론 이런 김청년 씨조차도 취직을 못 하는 헬조선의 청년 실업은
그야말로 심각한 문제지만, 김청년 씨와 다른 삶을 살고 있는
무수한 청년들이 '청년 세대'를 말할 때 너무나도 자연스럽게
배제되는 점이 더 큰 문제다. 지방에서 대학을 다니고 있는

청년들 혹은 아예 대학을 가지 않은 청년들, 화이트칼라가
아니라 블루칼라 직종에서 근무하는 청년들, 서울이 아니라
지방에서 살고 있는 청년들, 남성이 아니라 여성 혹은 성소수자로
살아가는 청년들, 한국 출신이 아닌 외국에서 온 청년들. 이들의
이야기는 청년 문제를 다룰 때 언급조차 되지 않는다. 모든 청년
문제가 '서울에서 대학을 다니면서 화이트칼라 직종을 희망하는
남성들의 어려움'에 초점이 맞춰져 있기 때문이다.

  통계청 자료에 의하면, 2017년 기준으로 20~34세 인구는 약
988만 명이다. 그중 흔히 인-서울이라고 부르는 서울권 일반
대학교에 다니는 청년 인구는 약 47만 명이다. 이 중 남성은 약
25만 명이다.[1] 이는 전체 청년층의 약 2.5%이다. 이미 졸업한
서울권 대졸 남성들의 인원을 고려한다고 해도 소수이긴
매한가지다. 즉, 미디어가 주로 다루는 청년 문제의 대상은 특정한
소수이며, 다수의 청년들은 공감할 수 없는 내용들이 뉴스에는
청년 문제라며 대문짝만하게 보도되고 있다. 다수의 청년들은
한국 사회에서 마치 투명인간처럼 '사라졌다'.

  '화이트칼라 고학력 남성'들이 겪는 어려움만큼 '사라진
청년들'이 겪는 어려움도 중요하다. 아니, 어쩌면 더 중요할지
모른다. 왜냐하면 이들이 겪는 문제는 한국 사회의 여러 병폐와
보다 직접적으로 연결되어 있기 때문이다. 가령, 빈곤한 청년이나
블루칼라 노동에 종사하는 청년의 어려움은 경제적 구조와
연관되어 있다. 또한 여성인 청년이 겪는 성차별은 젠더 문제와

결부되어 있다. 이 모두가 '청년 문제'다. 청년 문제의 해결을
위해선 시야부터 넓혀야 한다. '사라진 청년들'과 그들이 겪는
어려움까지 바라볼 수 있어야 한다.

세대 프레임1: 정말 '청년'이라서 힘들까?

"저는 애가 생길까 봐 걱정이에요. 여자인 대학생과 직장인 분들이
많이 공감을 할지도 모르겠는데, 애를 가지는 순간 커리어가 박살
나는 게 너무 간단하거든요. 커리어를 유지하는 게 더 신기한 거지.
커리어 박살 나는 건 진짜 순식간이고. 육아휴직을 써도, 저 같은
경우에는 제 포지션으로 똑같이 돌아오려면 3개월 만에 돌아와야 해
요. 3개월 만에 와야 자리를 그대로 안전하게 보전을 하는 거고. 진
짜 진짜 제발 대체자 3개월만 구해달라 그러면 육아휴직 겨우 6개월
쓰는 거고, 1년 풀로 쉬겠다, 그러면 돌아왔을 때 전혀 다른 부서로
갈 걸 그냥 각오해야 되는 거예요."

결혼을 준비 중인 간호사 화영

　결혼을 준비 중인 직장인 화영은 여성이다. 결혼을 준비하면서
결혼식 비용, 혼수 비용, 주거 공간 마련 등등 부담스러웠던

게 한둘이 아니지만, 덜컥 임신과 출산을 하게 되는 상황 역시
경제적 부담 못지않은 불안 요소다. 임신하게 되면 휴직을 해야
하는데, 화영이 일하는 병원에서는 육아휴직을 3개월 이상
쓰면 불이익이 있다. 이전부터 경력을 쌓았던 부서에 돌아오지
못하고 전혀 다른 곳으로 재배치를 받을 수 있다. 화영은 이것을
"커리어가 박살 난다"고 표현한다.

이러한 문제는 화영이 청년이라서 겪는 것일까? 그렇게
보기는 힘들다. 만약 남성이라면 아이가 생긴다고 해도 양육에
따른 경제적인 부담은 있을지언정, 커리어 단절 불이익을 받진
않을 것이다. 자신의 몸으로 직접 출산을 하고 몸조리까지 해야
하는 여성에 비해 남성은 신체적으로 직접 겪는 부담도 적고,
따라서 회사 생활에서도 능동적인 대처가 가능하다. 이는 화영이
'여성'으로 살아가면서 겪는 문제다.

출산과 육아 말고도, 여성 노동자들은 직장에서의
성희롱·성폭력 문제에 심각하게 노출되어 있다. 일상적인
언어폭력에서부터 끔찍한 성범죄까지, 한국 사회에서 여성들이
다양한 성적 위협에 노출되어 있다는 사실은 2018년을 휩쓴
미투me-too운동에서도 명백히 드러난다. 굳이 성범죄까지 가지
않더라도 '진상 고객'이 휘두르는 언어적·물리적 폭력 등에
대해서도 여성은 상대적으로 약자일 수밖에 없다. OECD 국가 중
항상 1위인 성별 임금 격차 문제도 있다.[2]

화영과 같은 여성들이 겪는 '힘듦'은 청년이라는 정체성

때문이라기보다는 여성이라는 정체성에 더 크게 기인하고 있다. 이런 상황에서 단순히 '청년'에만 초점을 맞춰 결혼과 출산에 보조금을 준다거나, 일자리만 늘리는 방식으로는 여성 노동자의 직장 문제를 해결할 수 없다. 당연하게도 젠더 문제는 한국 사회의 젠더 권력에 대해 이해하고 접근해야 해결할 수 있다.

　젠더 문제뿐만 아니라 한국 사회에는 수많은 권력 관계가 작동하고 있다. 자본가와 노동자 사이의 권력 관계가 대표적이다. 미디어가 다루는 '청년 문제'의 대부분은 사실 자본가와 노동자 사이의 갈등, 즉 자본주의 모순의 발현이 본질이다. 청년들의 일자리가 부족한 원인 중 하나는 한국의 노동 강도가 비정상적으로 높고, 기업들이 이를 통해 더 많은 착취를 하기 때문이다.

　그런데 이를 기성세대가 퇴직을 안 하고 계속 고임금을 받기 때문에 생기는 문제라고 보면서, 해결책이랍시고 나온 것이 임금피크제다. 비정규직 문제도 비슷하다. '청년 비정규직 노동자'에게는 주목해도 '나이든 비정규직 노동자'에게는 관심이 없다. 그런데 오히려 기성세대 모두가 정규직을 독점해서 청년들을 다 비정규직으로 만들려 한다는 음험한 음모론이 제기된다. 기성세대 비정규직 노동자가 분명하게 존재하고, 비정규직이라면 누구나 불안정한 고용 형태를 겪고 있음에도 불구하고 말이다. 최저임금 인상 이슈 역시 마찬가지다. 최저임금 인상을 놓고 벌어지는 갈등은 일이 없어서 알바를 하는 20~30대

청년들과 퇴직 후 자영업으로 내몰린 50~60대 기성세대 간의 이익 충돌로 묘사되곤 한다. 하지만 이는 소규모 자영업자들을 쥐어짜는 대기업 프랜차이즈가 주된 원인이다.

"시에 고등학교가 하나 있어요. 전체 300명 정도 다니고 있는데, 다들 서울에 있는 대학에 가려고 해요. 저는 집안 사정 때문에 그냥 여기 남기로 했어요. 아버지가 하는 가구 제조업을 같이 해볼 생각이에요. 서울에 가고 싶다는 아쉬움이 없는 건 아니에요. 하지만 서울에 가는 비용, 가서 사는 비용 이런 게 아깝다는 생각이 들어서요. 그래도 갈 수 있다면 무조건 서울로 가는 게 좋은 거 같아요. 저는 가죽 공예가 취미인데, 하다 못해 재료를 사려고 해도 서울로 왔다 갔다 해야 하니까요. 지방이 서울보다 좋은 건 공기 맑은 거 밖에 없어요."

충주에 사는 19살 영식

젠더와 계급 외에도 한국 사회에는 '지역' 문제라는 큰 갈등이 존재한다. 수도권과 지방 사이의 인프라 격차와 경제적·문화적 환경 차이는 심각한 수준이다. 이런 문제 때문에 아이가 어릴 때 서울로 이사하는 일들이 여전히 활발하게 일어나고 있다. 수도권의 청년들은 좀 더 좋은 환경에서 좋은 교육을 받아 상대적으로 좋은 대학에 들어가고, 그만큼 취업 시장에서도 우위에 선다(대신 극심한 취업·주거 경쟁에 놓인다). 지방에 남은

청년들은 상대적으로 경쟁이 덜하지만, 인프라가 심각하게
열악해서 명문대나 대기업을 꿈꾸기가 힘들고 그만큼 수도권
청년들에 비해 미래가 불안하다.

상위 100대 기업의 본사 중 86곳은 수도권에 몰려 있으며,
심지어 강원과 충북·충남, 전남·전북, 대구의 경우에는 100대
기업 본사가 한 개도 없다. 한국고용정보원이 발간한 〈2014년
시·도별 청년 고용 현황〉을 살펴보면, 전국 청년취업자 387만
명 중 53.9%인 208만 8,000명이 수도권에서 일자리를 구했다고
한다. 이뿐만이 아니다. 학령인구 감소와 부실 대학 개편을 목표로
하는 '대학 역량 진단 평가'에서 재정 지원 제한 대학으로 선정된
20개 대학 중 18개가 지역 대학이다. 지역 대학을 살리는 것이
아니라, 없애는 방향으로 진행되는 대학 구조조정은 수도권과
지역 간의 인프라 격차를 더 심화시킬 것이다. 이런 상황에서
수도권·고학력·화이트칼라 청년들과 지방·저학력·블루칼라
청년들 사이에 경험과 생각의 차이가 생기는 것은 당연한 일이다.

이처럼 젠더, 계급, 지역 등의 요소로 인해 같은 '청년'들 간에도
여러 차이점이 존재할 수밖에 없다. 당연하지만 '청년'이라고 다
같은 청년이 아니다. 그러나 정치권이나 미디어는 청년 문제를
말할 때 여전히 천편일률적이고 단순한 하나의 상을 그린다.
이는 꼰대들의 "지방 가서 일하면, 중소기업에서 일하면,
공장에서 생산직으로 일하면 다 먹고 살 수 있는데 편하게만
일하려고 하니까 힘들다는 소리가 나온다"는 말에서 명백해진다.

이미 지방에 살면서 중소기업이나 공장에서 일하는 청년들은
꼰대들에게 '청년'이 아닌 셈이다.

청년들에 대한 왜곡된 미디어의 인식은 어디에나 넘쳐난다.
2018년 평창 올림픽의 여자 아이스하키 남북단일팀 논란을 보자.
당시 문재인 정부는 갑작스럽게 여자 아이스하키 남북단일팀
구성을 추진했다. 이 시도에 대해 대체로 기성세대는 호평을,
청년 세대는 비판을 한다는 평가가 등장했다. 수많은 언론들과
호사가들은 민주화 세대에 비해 통일과 평화에 대한 감수성이
떨어진다며 청년 세대를 걱정했다. 청년들이 '공정성' 이슈에 대해
예민한 감각을 가지고 있다며 긍정적인 평가를 하는 시선도,
반대로 청년들의 지나친 능력주의와 경쟁주의를 경계하는 시선도
있었다.

그러나 통계는 조금 다른 결과를 보여줬다. 한국갤럽이
평창 올림픽 개막 전에 진행한 여론조사에 따르면 남북 여자
아이스하키 단일팀 구성에 대해 20대의 28%, 30대의 35%가
'잘된 일'로 평가했다. 40대는 가장 많은 58%가, 50대는 37%,
60대 이상은 38%가 '잘된 일'이라고 응답했다. 실상 40대만이
남북단일팀에 과반 이상의 찬성을 보냈을 뿐, 나머지 세대에서는
모두 부정적인 평가가 더 많았다. 막상 뚜껑을 열어보니
남북단일팀에 대한 부정적인 시선은 청년 세대만의 인식이
아니었다. 언론은 사실을 왜곡하고, 그저 '청년'이라는 키워드를
자기 입맛대로 활용했던 것이다.[3]

한국 사회의 여러 병폐를 해결하는 데 있어서 청년에 대한 왜곡된 시선은 큰 방해가 된다. '청년 문제를 해결해야 한다'며 정치인들과 미디어가 사회 개혁을 위해 열심히 뛰는 것처럼 보이지만, 그들이 청년 문제에 대해 말하면 말할수록 한국 사회의 중요한 갈등의 축인 계급, 젠더, 지역은 점점 지워진다. 문제가 보이지 않으니 사회의 본질적인 변화는 힘들어지고, 이 상황에서 이익을 챙기는 것은 기득권층이다. 본질적인 변화가 이루어지지 않으니 청년들은 갈수록 힘들다. 청년을 말할수록 청년 문제의 해결에서 멀어지는 것, 이것이 바로 세대 프레임이 가진 모순이다.

세대 프레임2: 어른이 허락한 청년이즘

청년 세대와 기성세대의 갈등으로 한국 사회의 청년 문제를 풀어나가는 방식을 '세대론'이라고 부를 수 있다. 그런데 현재 한국 사회에서 유행하는 세대론에는 명확한 한계가 존재한다. 정해놓은 방향성만을 고집하다 보니 정작 청년들이 겪고 있는 다양한 어려움을 외면하기 때문이다. '청년'이라서 어려움을 겪는 사안이 아닌데도 굳이 '청년 세대'의 문제라며 억지를 부린다.

마치 이데올로기나 사상 같은, 일종의 '청년이즘'으로 작동하는 것이다. 한때 유행처럼 번져나갔던 '청년이즘'은 청년들보다는 기성세대의 진보층에게 더 많은 지지와 환호를 받았다. 지금의 한국 사회는 기성세대가 청년 세대를 착취하고 있는 형국이라며, 청년들에게 '짱돌'을 들라고 권유하는 것이 대표적인 사례다.

이들은 청년 세대에게 '청년다움'을 강요한다. 열정과 패기, 신선하고 새로운 어떤 것으로 무장한 청년들이 기성세대가 망친 한국 사회를 뒤집어엎어야 한다고 말한다. 이는 종종 거꾸로, 그럴 생각이나 의지가 없는 청년들은 나약하고 무능하다는 주장으로 환원된다. 그래서 청년들이 조금이라도 '진보적'이지 않다거나, 사회 문제에 대해서 '회피'하는 경향을 보이면 이들은 청년들을 비난한다. 이렇듯 지금의 '세대 프레임'은 기성세대가 원하고 기성세대가 기획한, '어른이 허락한 청년이즘'이다.

오늘날 청년들이 겪고 있는 어려움은 세대 프레임으로만 설명되지 않는다. 청년 세대 그 자체를 다각도에서 입체적으로 바라볼 필요가 있다. 그러기 위해선 '어른이 허락한 청년이즘'을 해부하고, 또 비판해야 한다. 세대 프레임을 넘어서 '청년이 살기 힘든 헬조선'의 본질이 무엇인지 분석해야 한다.

앙꼬 없는 찐빵, 세대교체 없는 세대론

세대론은 역사가 오래되었다. "요즘 것들이 싸가지가 없다"는 기성세대의 이야기는 기원전 수메르 점토판에도, 고대 그리스 기록에도 나온다. 그만큼 세대 갈등은 보편적인 현상이다. 하지만 역사에서 '진보'라는 개념이 등장함으로써 세대론이 가지는 함의는 달라졌다. 결론부터 말하면, 근대를 지나면서 세대론은 단순히 '세대 갈등'만을 의미하는 것이 아니라 '세대교체'를 내포하게 되었다.

근대 이전의 세계관은 흔히 '인간'이 아닌 '신'으로부터 출발한다고 평가한다. 인간세계 자체를 신이 만들었고, 세계는 특정한 가치를 중심으로 진보하는 것이 아니라 끊임없이 순환한다는 것이다. 시간이 흐른다고 해서 더 나은 세계로 나아가는 것이 아니라, 같은 시스템을 지속적으로 반복할 뿐이다. 전생, 윤회론, 육십갑자 등이 대표적인 사례다.

그러나 근대 이후 세계는 언제나 더 나은 곳으로 진보한다는 개념이 생겼다. 인간은 지금보다 더 나은 가치와 사상, 물질을 생산할 가능성을 가지고 있다는 것을 알았기 때문이다. 이때부터 시간이 흐른다는 것의 의미는 자연스럽게 이전보다 더 나은 곳으로 진보한다는 세계관을 뜻하게 되었다. 정치와 이념, 기술과 문명 등 인간세계는 '지금과 다른 새로운 무언가'를 갈망하고 또

창조하는 곳으로 인식되었다.

그런데 '지금과 다른 새로운 무언가'는 어떻게 탄생할까? 바로
낡은 것의 청산과 새로운 세대로의 교체를 통해서 가능한 일이다.
이러한 관점에서 세대 갈등은 단순히 기성세대와 청년 세대의
다툼이 아니라, 낡은 것과 새로운 것의 대립으로 자연스럽게
이해되었다. 역사를 보면 수많은 정치세력이 '세대교체'를 외치며
새로운 이념을 등장시켰다. 세대 프레임 안에 세대교체라는
내용이 포함되어 있는 것이다.

하지만 언제부터인가 한국 사회에서 세대론은 더 이상
세대교체를 말하지 않게 되었다. 세대교체가 빠진 세대론은
'아프니까 청춘'이라며 위로를 하거나, '더 열심히 노오력을
통해 자기 계발'을 해서 성장하라는 이야기가 주된 논조다.
이는 기형적이고 반동적인 현상이다. 근대 이전의 세대 갈등을
바라보는 관점과 흡사하기 때문이다. 도대체 왜 한국 사회는 근대
이전으로 회귀한 것일까?

프레임은 자연적인 현상이 아니라 누군가 혹은 특정 세력의
의도가 개입되어 있는 정치적 수단이다. 세대 프레임 역시
마찬가지이다. 그러므로 세대교체가 빠진 세대 프레임에는
누군가의 의도가 들어가 있다. 세대교체가 위험한 사람들은
누구일까? 새로운 가치가 낡은 가치를 전복하고 시대가 진보하는
것을 두려워하는 세력은 누구일까? 현재 시스템이 유지됨으로써
이익을 보고 있는 세력이 '모든 기성세대'일 리는 없다. 그 세력은

기성세대 중에서도 기득권이라고 명명되는 소수에 해당하는
이야기인 것이다.

그렇다면 반대로 새로운 가치를 주장하고 싶고, 지금의 사회
시스템을 좀 더 나은 형태로 변화시키고 싶은 사람들은 어떤
이야기를 해야 할까? '세대교체'를 외치는 '세대 프레임'을
다시 만들어야 한다. 이는 기성세대가 기획한 '어른이 허락한
청년이즘'과 다르다. 한국 사회의 정상화를 넘어, 더 나은 미래를
꿈꾸기 위한 발판이다.

소결: 청년의 정체성을 새롭게 규정하자

청년들이 청년 문제에 공감하지 않는다. 청년 문제로 명명되는
대다수의 것들이 세대 프레임으로 환원되었고 방향이 잘못됐다.

그렇다면 과연 '청년'과 '청년 문제'는 모두 거짓이며 허황된
이미지일까? 그렇지 않다. 다만 청년과 청년 문제에 대한 규정이
다시 필요할 뿐이다.

청년의 정체성을 규정하기란 참 어렵다. 20대만 청년인지,
19세부터 40세까지 청년인지, 청년을 말하는 사람들마다 다르다.
나이를 기준으로 한 청년에 대한 정의는 자의적일 수밖에 없다.

그런 식이라면 심지어 '젊게 살아가는 노인'도 청년이라 부를 수 있다.

청년은 노동자, 여성과 등치되는 종류의 정체성이라고 보기 힘들다. 노동자와 여성의 정체성을 설정하는 방식은 명백하다. 물적 토대(생산수단의 소유 유무)와 성별이라는 명확한 기준이 있기 때문이다. 사장과 노동자는 회사를 누가 소유하고 있느냐로 갈리고, 여성과 남성은 생물학적 구성sex과 사회적 규정gender으로 갈린다. 하지만 청년은 애매모호하다.

'청년'이라는 정체성이 가진 특수성도 무시할 수 없다. 모든 사람은 누구나 청년이 될 것이고, 청년이거나, 청년이었다. 이는 변하지 않는 자연의 섭리다.

그럼에도 청년의 정체성 구성이 불가능한 것은 아니다. 그동안 서울시 청년 정책을 만들어왔던 담당자들은 청년을 '사회 밖 청년' 혹은 '이행기'로 규정했다. 이에 따르면, 청년들은 사회로 진입해야 할 존재인데 불공정과 불평등 때문에 안정적으로 사회로 진입하지 못하고 배회하게 되는 것이 청년 문제다. 일면 타당한 분석이다. 그러나 이러한 방식은 청년 문제 해결 목표가 청년 세대를 기존 사회질서에 편입시키는 것으로 설정되는 한계를 가진다. 청년이 '사회적 이행기'에 불과하다는 주장은 기성의 시각에서 바라본 입장일 뿐이다. 이는 청년 세대가 가진 가능성을 축소한다. 청년의 정체성은 '이행기'를 넘어서는 더 나은 방향성으로 도출되어야 하고, 이는 청년 세대에게 부여된 공통적인 속성에서 충분히 찾아낼 수 있다.

그것은 바로 청년이 미래 세대라는 것이다. 시간이 흐르면
시대가 변하고, 그 시대를 주도하면서 살아갈 사람들은 지금의
청년들이다. 우리가 어떤 미래를 살아가야 할지 고민하고 또
현실에서 구현해나가는 것은 기성세대가 아니라 청년들의
몫이다. 따라서 청년에 대해 논의하는 것은 곧 우리 사회가
나아갈 미래의 가치 영역을 이야기하는 것이다.

그렇게 보면 청년 문제란 무엇일까? 일반적으로 청년 문제에
대한 견해는 두 가지로 나뉜다. 첫 번째는 청년 문제의 구조적
독자성을 인정하는 것이다. 예를 들어 청년 실업의 원인을
기성세대가 사회적 자원을 독점하고 있는 것으로 파악하고, 이를
해결하기 위해 청년 세대가 기성세대와 싸워 자신들의 권리를
쟁취해야 한다는 견해가 있다. 두 번째는 청년 문제 자체가
허구라는 것이다. 이는 앞서 밝혔듯, 여타 본질적인 사회 문제들을
세대 프레임으로 환원시키면서 은폐시킨다는 견해다. 이 견해에
따르면 청년 실업은 청년들과 기성세대의 문제가 아니라,
자본주의적 모순이 심화되면서 노동시장의 결함이 표현된 것일
뿐이다.

그러나 이 두 입장 모두 한계를 지니고 있다. 기본적으로
청년 문제가 구조적 독자성을 가지고 있다고 보기는 어렵다.
계급 문제가 자본주의라는, 여성 문제가 가부장제라는 구조적
독자성을 가지고 있는 것과 다르게 청년 문제는 그 자체만의

원인이 되는 구조를 파악하기 어렵다. 하지만 구조적 독자성이
없다는 이유로 청년 문제 자체가 허구라고 할 수는 없다. 예를
들어 일부 진보 단체는 가부장제가 허구이며, 자본주의 극복을
통해 젠더 평등을 이뤄낼 수 있다고 주장한다. 그러나 그들마저도
여성 문제 자체가 실존하지 않는다고 주장하진 않는다. 청년 문제
또한 마찬가지다. 청년 문제 자체를 부인한다면, 노량진 고시촌에
즐비한 고시생들과 반지하에 열악한 환경 속에서 살아가는
청년들의 빈곤을 설명할 수 없다.

결국 청년 문제는 한국 사회가 겪고 있는 여러 병폐들의
집합체라는 특성을 가지고 있다. 청년 세대는 자본주의 시스템의
계급 착취 문제, 학벌, 도시와 지역 간의 인프라 격차 등 한국
사회의 여러 문제들에 종합적으로 노출되어 있다. 이는 청년이
계급과 젠더를 막론한 포괄적인 개념이기 때문이다. 물론 아동
문제, 청소년 문제, 노인 문제 또한 세대적 개념이기 때문에
종합적인 특성을 가지고 있다. 그러나 노인 문제가 사회적 책임과
윤리, 도덕의 문제라면, 청년 문제(아동과 청소년을 포함한)는 미래에
우리 사회가 어떻게 유지되느냐의 문제다. 따라서 다른 세대적
문제와는 구별되는 중요성을 내포하고 있다. 한국 사회 병폐들이
하나의 사슬이라면, 청년 문제는 그중 가장 본질과 맞닿아 있는
고리다. 그래서 우리는 청년 문제를 특수하게 호명할 수 있다.

정리하면, 청년 문제 해결은 우리 사회의 미래 가치를 바로
세우는 일이 되어야 한다. 단기적으로 청년들이 겪는 어려움을

해소하기 위해 그들을 보호하는 방식으로는 부족하다. 고리를 좀 더 나은 것으로 교체해주는 방식이 아니라, 아예 그 사슬을 끊어내야 한다.

"저희 퀴어 퍼레이드 같은 데에 혐오 단체들이 와서 방해하는 거 있잖아요. 양상이 약간 태극기 집회랑 비슷하거든요. 그 연령층도 마찬가지고. 솔직히 말하면, 저는 이렇게 생각해요. 천동설이 있고 지동설이 있는데, 코페르니쿠스랑 갈릴레이랑 그 시절에 지동설이 맞다고 과학적으로 발견이 되고, 학계에 알려졌어도 갈릴레이가 죽을 때까지는 사람들이 천동설을 믿고 있었대요. 지동설을 사람들이 믿기 시작한 시점은 그 시대의 기성세대가 다 죽고 나서, 그 밑에서 새로운 교육을 받았던 사람들이 기성세대가 되면서 사회 전반으로 퍼졌다고 들었어요. 세대가 교체되어야 해요."

성소수자 청년 지석

"근데 지금 봐서는 젊은 사람이 나중에 성인이 되고 나이가 들면 그럴 수(중국 동포에 대한 인식이 달라질 수) 있을 거라고 봐요. 지금 차별하시는 분들 대다수는 나이가 좀 많으신 분들이라 나중에는 지금의 젊은 사람들이 바꿀 수 있다고 봅니다."

중국 동포 청년 윤주

위의 두 인터뷰 대상자는 각각 성소수자와 중국 동포로 한국

사회에서 심각한 차별과 혐오에 시달리는 사람들이다. 이들이
겪고 있는 갈등은 그들이 '청년'이기 때문에 겪는 문제는 아니다.
하지만 두 사람 모두 세대교체 없이는 자신들이 겪고 있는
문제가 해결될 수 없다고 입을 모은다. 당사자들의 이러한 인식은
'청년'이라는 정체성을 구성하는 것이 가질 수 있는 힘과 가능성에
대해 보여주고 있다. 사회적으로 통용되며 청년들 스스로도
인식하는 청년 세대에 대한 기대감을 무시해서는 안 된다.

선거 때면 붐을 이루는 '청년 정치인'이미지 메이킹. 분명 그
방식은 잘못되었지만 대중들이 새로운 인물에 목말라 한다는
사실을 분명히 말해주는 현상이다. '청년'이라는 단어는 언제나
새롭다. 그렇기 때문에 현실에서 '청년'은 곧 '새 시대'로
인식된다. 이는 세상을 바꾸고자 하는 입장에 서 있다면 충분히
인정하고 활용할 수 있는 중요한 자원이다.

우리가 말하는 세대교체는 청년의 정체성을 미래 가치로
규정하고, 청년 문제 해결의 방향성을 새로운 가치가 낡은
가치를 전복하는 형태로 가져가는 것을 의미한다. 청년의 개념을
해체한다고 한국 사회가 가지고 있는 근본 모순들, 즉 자본주의
착취 구조·젠더 억압·분단 현실이 더 확연하게 부각되는 것은
아니지만, '청년'만을 외치는 행동은 공허하다. 기존의 빈약한
세대 프레임에 미래로 나아갈 가치들을 더해, 청년 스스로의
가능성을 증명할 수 있는 세대론을 정립해야 한다.

청년비망록

NOTE 1.

도식은 요즘 다른 부서의 몇몇 선배들에게 불만이 많다. 나름 공대 출신인 자신을, 기술도 알 만큼 아는 자신을 단지 어리다는 이유로 무시하는 것이 마음에 들지 않는다. 같은 부서의 선배들도 도식과 같은 마음이다. 돈 많이 버는 부서에서 일한다는 이유 하나로 우리를 그렇게 무시해도 되는 건가. 어차피 다 같은 공장 노동자고, 월급 받는 처지에 꼭 그래야만 하는가 싶다. 그래도 그나마 여기서 일하며 대학 시절 빚을 모두 갚았고, 마음에 맞는 형들을 만나 그들과 술 한잔할 수 있어 다행이다.

기본 급여는 주 5일에 월 140만 원. 비록 지금 잠시 동안은 주 7일 하루 12시간 근무를 하고 있지만 원래 근무 조건이 이렇진 않았다. 회사 일이 바쁘다고, 직원들이 조금씩만 희생하자고 해서 이렇게 힘들게 일하고 있다. 회사에 큰 기대는 없었다. 기왕 입사한 거 시키는 대로 하면 되지만, 그래도 바꿔야 할 점은 좀 바꿨으면 좋겠다는 정도의 심정이다.

도식은 지방대 출신이다. 현재 계속 휴학 상태다. 학교에 돌아가고 싶지 않기 때문이다. 2년 동안 학과 생활도 열심히 하고, 학생회도 했고, 성적도 우수했다. 그런데 어느 날 문득, 이런 게 학교 밖에서 도움이 될까 싶은 생각이 들었다. 별 볼 일 없는 학교 선배들을 보니 지방대에서 열심히 해봤자 저런 사람이 되는 건가 싶었다. 그래서 군대를 다녀온 후 복학하지 않고 계속 일을 하고 있다. 집안 사정이

넉넉지 않아 부모님의 지원을 거의 받을 수 없었고, 덕분에 생활비, 주거비 등 대학 생활에 들어가는 돈이 모두 빚이었다. 도식은 지금까지 열다섯 가지 일을 해봤다. 도축장에서도 일해보고, 캠핑 용품을 팔아보기도 하고, 돈 벌 수 있다는 말에 거제도까지 가서 건설 현장에서 일해보기도 했다. 많은 곳에서 일하며 빚도 갚고, 사회생활도 배우고 무엇보다 자신을 돌이켜볼 수 있는 시간을 가졌다. 지금 그걸 생각하면 여기저기서 많이 일해보니 좋은 날도 오는구나 싶다. 아직은 몸도 마음도 힘들지만, 그래도 이제는 미래를 꿈꿔도 되는 때가 온 것 같은 기분이다.

현재 도식에겐 집, 공장, 운동 그리고 종종 있는 술자리가 삶의 전부지만, 한때는 많은 꿈이 있었다. 어렸을 때부터 항상 무언가를 만드는 게 꿈이었다. 초등학교 때는 나름 주목받는 과학 꿈나무였고, 과학 경진 대회는 가능한 대로 다 나갔다. 앉아서 하는 공부보다 손으로 하는 공부가 좋았다. 그래서 공대를 갔다. 비록 학교에서 좌절을 경험했지만, 그래도 지금은 원했던 분야에서 일하고 있다. 단순노동이라고 해도 말이다. 도식은 나중엔 세계 여행을 가고 싶다. 다른 세계를 한번 보고 싶기 때문이다. 그동안 너무 열심히 일만 하다 보니, 동네에서 술 마시는 것 말고 제대로 놀아본 적이 없다. 그러고 보니 한때 자전거 타고 여기저기 다니는 게 취미였는데. 부모님과 함께 사는 집 베란다에서 썩어가는 고가의 자전거에게 미안한 마음이 든다.

도식은 또래의 많은 젊은이들에게 못내 아쉬운 마음이 크다.

중·고등학교 때 자신보다 공부 잘해서 서울에 있는 대학에 간
사람들이, 뭐가 문제여서 다들 빌빌거리며 사는지 잘 모르겠다.
오히려 도식은 열심히 일해서 잘 살고 있는데. 다들 자신보다 집안
형편 괜찮고 머리도 좋은 사람들이 서울에 가서 왜 그렇게 된 걸까.
솔직히 말하면 아직도 청년 실업이 왜 문제인지 잘 모르겠다.
이곳저곳 아무 데나 뛰어들어서 거기에 적응하면 되는 것 아닌가.
도식은 어려운 상황 속에서도 자기 자신을 사랑하면 성공할 수 있다고
믿는다. 도식에게 청년 실업은 'IN서울' 대학생들이 좋은 기회만
노리고 높은 곳만 바라보는 태도의 문제다.

청년비망록

NOTE 2.

돌이켜보면 현서의 인생은 시작부터
잘못됐다. 어릴 적부터 어머니와 동생,
셋이서 어렵게 살았다. 배가 너무 고픈데
냉장고에 아무것도 없어서, 동전을
긁어모아 600원을 만들어 슈퍼마켓에
갔지만 라면이 650원이라서 그냥 돌아와야 했던 적도 있었다. 학교
다닐 때 차비가 없어 멀리 떨어진 집까지 걸어온 적도 있었다. 집에
도착하니 새벽 한 시였다. 어머니가 마음 아파할 것이라는 생각에
현서는 차마 왜 늦었는지 말하지 못했다.

흔히 가난한 가정을 보며 사람들은 힘들지만 가족끼리 서로
의지하며 사는 그림을 상상한다. 하지만 현서에겐 가족도 버팀목이
되어주지 못했다. 알콜 중독 수준으로 술을 너무 좋아하는 현서의

어머니는 고등학교 시절 한 부모 가정이라 받을 수 있었던 지원금을
아무 말 없이 혼자만의 사치를 위해 사용했다. 덕분에 입시 시절
현서는 인강 한 번 들을 수 없었다. 더 큰 사건은 현서의 수능 때
터졌다. 남들은 컨디션 조절한다고 건드리지도 않는다는 수능 전날,
현서의 어머니는 술에 취해서 주정을 부렸다. 실망감과 섭섭함으로
한동안 말을 안 하기도 했지만, 그래도 가족이라고 여전히 함께
살아가고는 있다. 하지만 언젠가 서로 손 안 벌리고 살게 되기를 바랄
뿐이다.

현서는 먹고살기 위해 여러 가지 일을 해봤다. 원래 장래 희망은
세무사였지만, 집에서는 이를 준비하기 위한 그 어떤 지원도 해줄
수 없었다. 지원은커녕 현서를 돈 먹는 귀신 취급했다. 안정적인
공무원도 생각을 해봤지만, 지나치게 높은 경쟁률과 얼마나 걸릴지
모르는 준비 기간 때문에 망설여졌다. 결국 현서는 세무사도,
공무원도 포기하고 비정규직 노동시장에 뛰어들었다. 강남에 있는
리서치 회사에서 일을 하다가, 쿠팡에서 파견직으로 근무를 했다.
말로만 듣던 쿠팡의 끔찍한 노동환경을 직접 체험했다. 모든 작업
시간이 시스템으로 측정됐다. 키보드를 두들긴 시간, 마우스를 움직인
시간. 모든 게 체크됐다. 아무리 열심히 일해도 하루 여덟 시간 중
다섯 시간을 채우는 것이 한계였다. 하지만 여섯 시간 반을 채우지
못하면 시말서를 써야 했고, 설사 채우더라도 중간에 작업을 중지한
시간에 왜 그랬는지 하나하나 다 기록해야 했다.

도저히 참지 못하고 다른 일을 알아보다가 구립 독서실에 서무

자리가 있다는 것을 알게 되었다. 조금 적게 벌더라도 쉬엄쉬엄
일하면서 다른 공부도 할 수 있을 거라고 생각해서 지원했지만, 보기
좋게 떨어졌다. 알고 보니 그 자리는 모 정당의 해당 지구당에서
활동하는 사람들과 지역 유지들을 통한 인사 청탁이 공공연히
이루어지는 자리였다. 결국 현서는 어머니가 일하는 식당 사장인 지역
유지를 통해 청탁을 넣었고, 그제서야 서무 자리를 얻을 수 있었다.
월급 150만 원도 안 되는 계약직을 혼자 못 구해서 청탁을 넣어야
하는 상황이 너무 더럽고 서글펐다.

  하지만 그렇게 얻은 독서실 서무 일도 결코 편하진 않았다.
상사들이 아무 일도 하지 않아 거의 모든 일을 현서가 도맡아야 했다.
고객들 또한 하나같이 현서를 막 대했다. 정해져 있는 규칙을 어겨도
당당한 것은 일상이었다. "이년, 저년" 욕을 먹기도 부지기수였다.
스스로 자신이 일하는 기계인가 인간인가 고민하던 현서는 차라리
기계였으면 좋겠다고 결론을 내렸다. 기계였다면 누가 굳이 욕을
하겠는가?

  현서에게 아직 남은 꿈은 목수다. 자유롭게 돌아다니면서 가구를
만들고 집을 수리하는 일을 하고 싶다. 목공 공부도 해보고 싶었지만,
돈도 시간도 여유도 없었다. 세무사, 공무원도 마찬가지였다. 단지
돈이 없는 집에서 태어났을 뿐인데, 현서는 모든 가능성까지 같이
잃어버렸다. 노력을 안 한 것도 아니고, 의지가 부족한 것도 아니다.
단지 아주 조금의 물질적 환경과 정신적 여유를 줄 수 있는 돈만
있었다면, 인생은 지금과 많이 달라지지 않았을까.

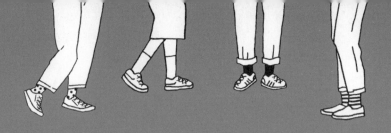

WHAT1:

일자리 문제를
바라보는
청년적 관점

"미용이라는 게 주가 수당을 안 줘요. 시간당 얼마 안 돼요. 한 3,800원? 해여도 그렇고, 웬만한 미용은 다 최저임금을 안 맞춰 서 줘요. 최저 맞춰 달라고 하면 그 사람을 안 쓰고, 그러면 그 사람은 경력 쌓을 곳이 없고. '아 너 아니어도 여기 올 사람 많으니까.' 이런 식으로 얘기하는 데가 많아서. 기본 월급을 60만 원 주는 데도 있어요. 한 달에. 60 주는 데도 있고 70, 80. 이렇게 나누는데 다 같이 낮으니까 많이 주는 주는 시장이 없죠."

네일숍에서 일하는 하늘

대기업, 공무원, 전문직: 아무나 하는 게 아니다

여기 취직을 고민하는 청년이 있다. 어렸을 때부터 다양한 장래
희망과 꿈을 가지고 살아왔지만, 이제 앞에 놓인 선택지는 많지
않다. 특출난 학벌도, 별다른 전공이나 특기도 없기 때문이다.
먹고살기 위해선, 학점을 올리고 스펙을 쌓아서 대기업에 될
때까지 지원해보거나, 어른들의 흔한 말처럼 눈높이를 낮춰
중소기업에 지원하는 방법이 있다. 대학 졸업반인 그는 어떤
선택을 하는 것이 합리적이고 현명할까?

  일자리가 없는 게 아니라, 청년들의 눈이 높은 것이라는 말이
있다. 조금만 눈높이를 낮추면 충분히 취직할 수 있는데 욕심을
부려 너도나도 대기업에 가려고 하니 지금의 청년 실업 대란이

일어났다는 것이다. 당연히 사실이 아니다. 일단 일자리 자체가 없다. 고용노동부의 자료에 따르면 2017년 구직자는 구인자에 비해 90만 명 정도 많다.[4]

물론 일자리 문제를 이렇게 단순히 정량적 수치로 분석하는 것은 별 의미가 없다. 단순히 일자리 수가 적은 게 문제면 일자리를 양산하는 방식으로 문제를 쉽게 해결할 수 있다. 하지만 구인 측도 필요한 분야나 영역별로 스펙트럼이 다양하고, 구직 측도 어떤 직종을 희망하는지 또 어느 직군에 적합한 능력을 가지고 있는지 천차만별이다. 청년 실업에선 일자리 숫자보다 더 중요한 취업 시장의 경향성이 존재한다. 바로 청년 세대가 희망하는 일자리가 지나치게 협소하며 그럴 만한 이유가 있다는 것이다. 바꿔 말하면, 애초에 사회에서 청년 세대에게 제안하는 적절한 일자리가 적다. 이를 알아보기 위해 청년들이 쉽게 중소기업을 선택할 수 없는 이유를 따져보자.

중소기업과 대기업의 가장 큰 차이는 연봉이다. 중소기업 신입 사원이 받는 평균 월급은 161만 원, 대기업은 238만 원이다.[5] 이를 연 소득으로 환산하면 924만 원 차이가 난다. 대기업 3년 차부터는 중소기업 5년 차와 엇비슷해지기 시작한다. 보너스 등 각종 복지 후생을 고려한다면 대기업 사원이 중소기업 사원을 이미 앞질렀을 것이다. 즉 '돈'만 기준으로 따지면 대학 졸업 후 바로 중소기업에 가는 것보다, 2년 정도 취준 생활을 하더라도 가능하다면 대기업에 가는 편이 더 낫다.

이 정도 격차가 무슨 문제냐, 조금 적더라도 열심히 일하고 알뜰하게 모아서 살아가면 되지 않느냐고 물을 수도 있다. 하지만 이 격차는 점점 더 벌어진다. 대기업과 중소기업 사이의 근속년수 5년 이상 10년 미만인 재직자 연봉 격차는 2,136만 원이고, 20년 이상 재직자 연봉 격차는 3,900만 원이다. 20년 만에 연봉 격차가 1,000만 원에서 4,000만 원으로 늘어난 것이다. 심지어 대기업 비정규직이 중소기업 정규직보다 임금이 높은 경우도 꽤 많다. 이쯤 되면 '눈높이'를 낮추라는 말은 '삶의 질'을 낮추라는 말과 같아진다. 게다가 대기업과 비교했을 때의 상대적인 박탈감 문제를 떠나, 중소기업 평균 신입 사원 월급 161만 원은 솔직히 먹고살기에도 순탄치 않은 금액이다. 앞으로 계속 혼자 산다면 몰라도, 결혼을 계획하고 가정을 꾸리고 내 집 마련을 고민하는 청년들에게는 턱없이 부족한 액수다.

물론 돈이 인생의 전부는 아니다. 비정한 자본주의에서도 우리는 또 다른 행복을 찾아 만족스러운 삶을 만들어갈 수 있을지 모른다. 하지만 대기업을 포기하고 중소기업에 간다고 해서 그 확률이 높아지는 것은 아니다. 기본적으로 한국의 노동시장은 세계 최악이라는 말이 나올 정도로 열악하다. 노동강도, 노동시간 등 모든 면에서 과하다. 대기업이든 중소기업이든 야근은 피하기 어렵고 업무량은 많다. 똑같이 힘들다. 그렇다면 돈이라도 더 받고 힘든 게 낫지 않을까? 게다가 만약 워라밸Work and Life Balance이 가능하다면, 그것은 중소기업보다는 대기업을 다닐 때 성공 확률이 더 높다. 유급휴가, 출산·육아휴직 등 거의 모든 면에서 대기업 사내 복지가 더 좋기 때문이다. 또한 대기업에 비해 중소기업은 미래가 불투명하다. 대기업 독점 구조의 한국 경제에서 중소기업은 언제 망해도 이상하지 않다. 헬조선에서 개인의 삶을 바쳐 중소기업을 대기업으로 만드는 꿈같은 신화는 이미 불가능하다.

"결국 잘렸거든요. 회사가 돈이 없으니까. 사업이 돈이 안 된 건 아니었는데. 다른 사업에 돈을 투자했고. 저를 정규직으로 뽑았는데 그 뒤에 매출이 잘 안 나오니까. '여름 사업이 안 돼서 너를 고용할 수 없겠다. 미안하다.' 이렇게요. 씁쓸했죠. 처음부터 오래 일하고 싶었는데, 사실 중소기업이라는 게 어떻게 될지 모르는 거고, 오히려 제가 특정 업무 기술이 생기고 경력이 생기면 높이 올라가고 싶다는 생각이 있었는데 그렇게 빨리 잘릴지 몰랐죠.
중소기업을 경험해보니까, 어른들이 말하는 중소기업 왜 안 가냐는 말이 되게 화가 나더라고요. 경험하지 못했기에 말하는 걸까, 경영 능력이 부족한 사람들이 너무 많고, 노동자로서 권리를 보장해주지 않는 걸 당연하게 여기는 것. 최저시급만 주는 게 당연하고. 어떤 기업에 가는 게 중요한 건 아니지만, 왜 중소기업 안 가냐는 말에는 화를 내야 할 것 같아요."

중소기업 경리로 일했던 서연

청년들이 눈높이를 낮출 수 없는 가장 근본적인 이유는 이미 눈높이 자체가 높아질 수밖에 없는 환경과 구조가 자리 잡았기 때문이다. 지금의 청년 세대는 단군 이래 최고의 스펙을 가졌다. 대졸 이상의 높은 학벌, 토익 등 각종 시험 스펙과 해외 유학과 연수까지 개인에게 가능한 만큼의 최대 스펙을 이미 청년들은 보유하고 있다. 과열된 입시 시장과 교육열 덕택이다. 이미 고高스펙을 위해 각자가 할 수 있는 만큼의 최대 투자를 했는데, 이런 상황에서 눈높이를 낮추라는 것은 취업 시장에서 일종의 '미스 매치'를 일으킨다. 어렵게 획득한 고스펙이 필요 없는 직능과 직군에 취직하라는 말과 같기 때문이다. 이는 사회적으로 인력 낭비일뿐더러 구직자 개인으로 보면 그동안 해왔던 모든 투자가 허사가 되는 일이다. '학력과 교육이 덜 요구되는 일자리'는 '질 낮은 일자리'라는 부당한 사회적 평가와 대우가 엄연히 존재하는 마당에 누가 선뜻 나서서 중소기업에 가려고 할까. 지금의 청년 세대가 눈높이가 높다고 한다면 그 책임은 청년 세대가 아니라, 쓸데없이 고스펙을 강요하고 경쟁을 과열시킨 지금의 시스템에 있다.

물론 정부나 정치권도 이러한 상황의 심각성에 공감하고 있다. 중소기업 모두가 질 낮은 일자리는 아니라며, 비전 있는 중소기업을 지원하기도 한다. 구직자와 중소기업 간의 '미스 매치' 현상을 해소하기 위해, 중소기업 취직 신입 사원들에게 현금을 지원해주기도 한다. 하지만 이는 미봉책에 불과하다.

결국 기업이 부담해야 할 비용을 국민들의 세금으로 메우는 꼴이고, 이는 자연스럽게 중소기업의 경쟁력을 떨어뜨리기도 한다. 세금으로 보조해야 겨우 인력을 채용할 수 있는 중소기업에 어떻게 비전이 있다고 느낄 수 있을까.

결국 청년 세대는 오히려 다른 방식의 돌파구를 찾기 시작했다. 바로 '공무원'이다.

"요즘 제 모토가 적당히 벌면서 잘 살자. 그런 모토가 저와 맞기도 하고. 어렸을 때부터 꿈꾸었던 작가라는 직업은 나이가 들어서도 할 수 있는 일이라고 생각해요. 그래서 일단 안정적인 직업을 가지고 꿈을 이루는 것도 나쁘지 않다고 생각해서 공무원이란 직업을 선택 했습니다."

공무원 시험을 준비 중인 강문

공시족. 공무원 시험을 준비 중인 취준생을 말한다. 매년 20만 명이 넘는 취준생들이 공무원 시험을 치른다. 합격률은 평균 1.8%. 문재인 정부 들어 공공 일자리가 늘어나면서 경쟁률은 다소 낮아지고 있지만, 여전히 공무원 시험은 쉽지 않다.[6] 하지만 이에 아랑곳하지 않고, 많은 청년들은 공무원 시험에 몰리고 또 매달리고 있다. 안정적인 일자리, 과하지 않은 업무량, 그나마 공정한 규칙 아래 움직이는 시스템, 학벌에 대한 차별 없이 시험으로 채용되는 과정 등 일반 기업과 비교했을 때 꽤 많은

장점이라고 생각되는 것들이 있기 때문이다. 대학을 입학하지
않고 고등학교 때부터 9급 공무원 시험을 준비하는 공시반이
따로 있을 정도다. 불안정한 생활과 불투명한 미래가 두려운
청년들에게 '공무원'이라는 '철밥통'은 매력적이다.

　강문 또한 이러한 장점들 때문에 다니던 직장을 그만두고,
공무원 시험을 선택했다. 강문은 공무원 시험을 준비하기 전에 두
회사를 거쳤다. 학교 행정직과 이민 중개 업체의 상담직이었다.
두 직장 모두 하면 할수록 지치고 힘들었다. 결국 강문은
직종을 바꾸기로 결심하고 여러 선택지 중에 공무원을 골랐다.
공무원을 고른 이유는 중학교 때부터 꿈꾸던 '작가'라는 장래
희망을 이루기 위해서다. 강문은 일단 상대적으로 여유가 있는
직업을 구해서 생계를 유지하면서, 동시에 자신의 꿈인 작가를
준비하는 계획을 세웠다. 일반 회사가 자신의 가치를 높이기 위해
2~3년마다 이직을 고민해야 하는 것에 비해서, 공무원은 그런
고민 없이 안정적으로 일할 수 있다는 장점이 있었다. 여러모로
공무원이 딱이었다.

　공무원에 대해 가지고 있는 청년 세대의 이미지는 '안정'과
'균형'이라는 두 마리 토끼를 모두 잡을 수 있는 직업이라는
것이다. 안정적인 직장에서 월급을 받으며 생계를 해결하고, 너무
길지 않은 노동시간을 보장받고 내 삶의 여유를 보장받으면서
자기 계발에 투자할 수 있다고 믿는다. 이는 청년 세대가
직장에 대해서 가지고 있는 가치관을 반영한다. 더 이상 직장은

자아실현의 도구가 아니다. 개인의 삶을 유지하기 위한 생계의 수단일 뿐이다. 하지만 막상 공무원이 된다고 해서 생각처럼 인생이 술술 풀리는 것은 아니다.

"환상이 깨졌죠. 사무적인 걸 기대했어요. 깔끔하고 확실하고 합리적이고. 근데 사무직이라기보단 서비스직, 조금 더 심하게 말하면 동네 잡부가 된 것 같아요. 애초에 여유롭게 살려고 공무원 했는데 점점 그런 것에서 멀어지는 것 같아요. 급여 측면에서도 힘든 점이 있어요. 밖에서 보는 건 어떨지 모르지만, 초과근무를 다 채워야 200만 원 정도 받을 수 있어요. 막상 생활을 해보면 넉넉하지 않아요. 월 57시간(당시 초과 근무 최대치)을 채우기가 굉장히 어려워요. 저만의 생활이 없어요. 한 달 꼬박 투자해서 200. 이런 걸 바라고 공무원 했는지 모르겠어요. 자전거 타고 돌아다니는 거 좋아하고 친구들 만나는 것도 좋아하는데, 여유가 사라진다. … 나는 직장에 매몰되어서 자기 삶이 없어진 사람이에요. 여유를 찾아 공무원을 했지만 결국에 여유가 사라졌어. 그렇다고 여태 한 게 아깝고, 경제적인 이유 때문에 포기를 할 수가 없어. 직장은 돈을 벌러 간 곳인데. 그럼에도 전부가 된 곳이에요. 내 삶에 돈이 전부가 되어버린 거지. 나는 인간이 아니라 사무원이야."

동사무소 9급 공무원 태훈

합격률 1.8%의 문을 통과한 9급 공무원 태훈은 자신의 삶이 불행하다고 느낀다. 태훈은 집안의 빚을 갚기 위해 급하게 안정적인 직장이 필요했고, 다니던 대학도 그만두고 공무원 시험에 돌입해야 했다. 공무원 월급을 모두 빚을 갚는 데 쓰고 있고, 더 많은 급여를 받기 위해 매달 초과 근무를 해야 한다. 자신이 하고 싶은 것이 있지만 할 수 있는 시간적 여유가 없다. '안정'은 어느 정도 찾았지만, 삶에 '균형'이 없다. 공무원마저도 이렇다니, 이제 대한민국에서 행복해질 수 있는 직업은 없는 것 같다.

그럼에도 아직 하나 남은 것이 있다면, 바로 '전문직'이다. 전문직은 말 그대로 '라이센스'를 가지고 있는 직업군이다. 의사, 변호사 등이 대표적이다. 회계사는 신입 임금이 평균 400만 원이 넘고, 의사들의 평균 월 소득은 1,300만 원에 달한다고들 한다.[7] 어마어마하다. 제 아무리 헬조선이라지만 행복하게 살 수 있을 것만 같다. 그래서 많은 고학력 청년들은 전문직에 도전한다.

"(직장을 선택할 때 가장 중요하게 생각하는 조건이 있다면?) 현실적으로 연봉이죠. 회계사 준비를 하는 것도 연봉 문제고. 사실 저는 야근이나 이런 것들을 크게 생각 안 해요. 일단 돈을 벌어야겠다는 생각이 들어서. 그리고 안정적이라는 게 큰 메리트고. 안정적인 것만 따지면 공무원을 준비했겠지만 아무래도 고액에 전문적으로 할 수 있는 회계사를 선택하게 되었죠."

CPA 시험을 준비 중인 현민

"(주변의 동기들은 왜 로스쿨에 온 거 같아요?) 여자인데 일하다 오신 분들도 있고. 사회에 나가서 문과 출신은 대체가 가능하잖아요? 그런 상황에서 나이가 들고 결혼을 하고 애를 낳고 그러면 이 일을 계속할 수 있을까에 대책이 없는데. 어쨌든 변호사가 되면 전문직이니까. 내가 일을 하고 싶을 때 다시 할 수 있지 않을까? 그런 생각 때문에 하는 경우도 있고. 면접이나 스터디 준비하면서 들었던 거 중에는 전문직이기 때문에. 돈을 많이 벌고 싶고 이런 것보다는 안정을 찾고 싶다는 거죠."

로스쿨 재학 중인 채영

어느 정도 학벌이 되고, 또 어느 정도 욕심이 있는 청년들은 불안정한 사회에서 안정, 돈, 명예를 모두 가질 수 있는 직업군으로 전문직을 고민하고 있다. 하지만 이러한 고민을 할 수 있는 청년들은 소수다. 왜냐하면 전문직을 준비하기 위해서는 처음부터 그만한 비용과 시간을 감당할 수 있는 여유가 있어야 하기 때문이다.

"(로스쿨에 오는 사람들은 어떤 사람인지?) 일단 관통하는 건 학벌. 로스쿨이 한 해에 2,000명을 뽑는데 1,000명 이상이 SKY예요. 그리고 일단 비용도 만만치 않죠. 3년 해서 최소 1억이고. 내가 당장 일을 안 하면 가족이 굶어 죽는다. 이런 사람은 절대로 로스쿨 올 수가 없어요. 왜냐면 내가 누군가의 돈을 받아서 살아야 하는데. 적

은 돈이 드는 게 아니고. 근데 이 돈을 어떻게 내는 거냐. 저희 집은
가난하지 않고 평범한 집인데. 저희 부모님은 너 하나는 괜찮다 정
도인데. 가난한 사람들은 도대체 어떻게 다니는 건지 모르겠어요.
결국 대출이고 빚인데. 그래도 일반 대학원은 조교 일도 하면서 빚
이 그렇게 쌓이는 구조는 아니잖아요? 그냥 법학 석사 하나 따려고.
5,000만 원 정도 빚이 쌓이는 거니까. … 일반화하긴 어려울 수 있
지만 사실인 거 같아요. 우리나라에선 학부 학벌이 경제력을 반영하
잖아요? 그런 상황을 더 심화시키는 거죠. 저는 일반고를 나왔는데.
일반고에서는 나름 경제력 분포가 정규였어요. 잘사는 사람도 있고,
못사는 사람도 있고. 중간이 제일 많고. 근데 저는 사실 나름 좋은
학벌에 특히 경영학부를 다녔으니까. 거기서 비율이 한 번 깨졌어
요. 잘사는 친구들이 주변에 많은 거죠. 근데 로스쿨에 오면 그 비
율이 한 번 더 깨져요. 지방에 있는 로스쿨 중에 하나는 9분위, 10
분위가 60%라는 거예요. 그게 말이 안 되는 거잖아요?"

로스쿨 재학 중인 채영

전문직이 좋은 것은 맞지만, 결국 그만한 재력이 있어야
가능하다. 중소기업과 대기업을 '선택'하는 것 또한 그만큼의
지위와 여유가 있어야 가능하다. 직업에 따라 계층이 나뉘고,
그 직업을 선택할 수 있는 기준은 사회적 계급에 따라 다르다.
그나마 공정해 보이는 구조가 공무원이라 청년 세대가
몰려들지만, 그만큼 경쟁은 심하고 공무원이 되고 나서의

상실감도 크다. 암울하지만 이게 청년 세대가 처한 현실이다.
우리는 어디서부터 잘못되고 또 꼬인 것일까.

회사가 싫어서:
어렵게 들어간 직장을 그만두는 이유

'퇴사 학교'라는 단체가 있다. 퇴사를 고민하는 직장인들을
대상으로 각종 교육 프로그램을 제공하는 학교다. '퇴사학
개론'과 같은 진로 탐색부터, '자영업 입문 스쿨'과 같은 실질적인
도움까지 프로그램 내용은 다양하다. 2018년 현재, 퇴사 학교의
수강생은 5,000여 명에 달한다. 이뿐만이 아니다. 신입 사원
400만 명 중에 244만 명이 1년 3개월 안에 퇴사한다는 통계도
있다. 1년 이하 신입 사원 퇴사율은 27.7%에 달하고, 2017년
퇴사자 중 절반에 가까운 49%가 1년 차 미만 신입 사원이다.
그야말로 '퇴사 열풍'이다. 취업하는 데 걸리는 시간이 평균
13개월이라고 한다. 1년이 넘는 시간 동안 열심히 준비해서 그
힘들다는 취업을 해냈지만, 1년도 못 돼 퇴사를 결심하는 것이다.
취업난 속 기이한 현상이다. 도대체 무엇이 청년들을 퇴사하게
하는 걸까?[8]

《벼룩시장》구인 구직 통계에 따르면 조직 및 직무 적응 실패가 49%, 급여 및 복리 후생 불만이 20%다. 직장이 자신에게 맞지 않거나 급여나 사내 복지에 불만이 있다는 말이다. 더 파고 들어가 보면, 문제의 핵심은 이러한 통계 안에 숨어 있는 노동환경이다. 2018년 대기업과 중소기업 간 이직률 격차는 최대를 기록했다. 중소기업 이직률이 높은 이유는 '과도한 업무량과 야근'이라고 한다.[9] 즉, 열악한 노동환경이 직장을 그만두는 가장 큰 이유다.

"모든 업무가 과중하게 서무에게 몰려 있고, 업무 종류가 많은데 제가 다 해야 하는 거예요. 예결산도 제가 해야 하고. 인수인계도 없어서 예전 자료를 보고 내가 다 해야 돼요. 그 와중에 휴지까지 주문해야 해요. 이뿐만 아니라 독서실 오는 사람들은 자기의 세금으로 이 일자리를 만들었다고 생각해서 일하는 사람들을 굉장히 하대해요. 한 번은 너무 억울해서 구청에 문의를 했는데 대응책이 없다는 거예요. 그냥 참아야죠. 사람을 좋아한다고 생각했는데 사회생활을 겪으면서 사람 대하는 게 정말 피곤하고 말도 하기 싫고 그러더라고요. 사람 대하는 업종이 모두 다 힘들어요. 거기다가 연차도 맘대로 못 쓰고 주 6일 업무이니. 대신 일할 사람이 없으니 연차를 쓰지도 못해요. 대신 일할 사람을 구해서 연차를 써야 돼요. 퇴직할 생각이 있어요. 돈을 많이 버는 것도 아니고 공부를 할 수 있는 것도 아니어서요. 다른 직장에서 일할지언정 여기서 일하진 않을 거예요."

구립 독서실에서 일하고 있는 현서

"사실상 일이 좋다기보다는, 힘든 일인 건 확실합니다. 영업이니까. 이 일을 오래 할 수도 없고, 만약 팀장으로 올라가면 모를까. 그런데 팀장으로 올라가는 게 쉬운 일도 아니고. 당장 퇴직할 생각은 없지만, 이 일을 오래 할 수는 없을 것 같습니다. 언젠가는 경력을 살려서 다른 영업 관련 이직을 한다든가."

영업 사원 수만

요즘 같은 시대에 어차피 평생직장은 없다. 인터뷰했던 청년들에게 물었을 때, 단 한 명도 평생직장 개념에 동의하는 사람은 없었다. 직장은 생계를 위한 그리고 자기 계발을 위한 수단이다. 그렇다면 노동에 대한 합당한 보상과 정당한 노동환경을 요구하는 것이 당연하지 않을까? 그런데 이러한 청년 세대의 가치관을 헬조선의 노동환경은 따라오지 못하고 있다. OECD 자료에 의하면 한국의 연간 근로시간은 2,124시간으로 평균인 1,770시간을 훨씬 초과한다. 주당 6.8시간을 더 일한다. 4차 산업혁명이니 뭐니 하면서 시대는 변하고 있는데, 노동환경은 여전히 '산업화 시대'다. 양질의 일자리는 어려운 것이 아니다. 정상적이고 합법적인 수준만 되어도 기본은 된다는 말이다.

노동환경에는 업무량과 노동시간만 있는 것이 아니다. '젊은 것들의 사표'라는 제목으로 조기 퇴사 현상을 다룬 〈SBS 스페셜〉은 청년 세대의 조기 퇴사 이유를 억압적인 위계질서와 이유 없는 야근·회식 문화로 꼽았다. 대다수 회사 내의 시스템은 원칙이 아니라 사내 권력으로 운영된다. 그리고 이 사내 권력은 기성세대가 쥐고 있다. 사내 문화는 자연스럽게 기성세대의 문화로 수렴된다. 여기서 기성세대의 문화는 이른바 한국식 군대 문화와 동일한 의미라고 봐도 무방하다. 한국식 군대 문화는 기성세대, 즉 산업화 세대와 민주화 세대가 공통적으로 공유하는 것이다. 산업화 세대가 '생계'를 위해 상명하복에 복종해야 했다면, 민주화 세대는 '조직을 운영하는 질서'로 군대식 문화를 받아들였다. 그렇게 회사는 군대가 되었고, 합리적이지 못한 위계질서를 만들어 신입 사원들에게 강요했다.

대기업에서 시행되는 군대식 신입 사원 연수는 한동안 큰 논란의 대상이었다. 한국전력은 2017년까지도 신입 사원들을 대상으로 해병대 캠프를 운영했다. 얼차려는 물론 군복을 입고 고무보트를 머리 위에 올리는 기합을 받거나 레펠 강하 훈련을 시켰다. 국민은행에선 신입사원들에게 100km 행군을 시키는가 하면, 여성 사원들에게 생리 때문에 불편해하지 말라며 피임약을 지급하는 '친절한' 사건을 벌였다. 현대자동차, 한국투자증권은 무박 2일 등반을 시키기도 했다. 한때 유튜브에서 논란이 되었던 2014년 신한은행 워크숍에서는 신입 사원들이 '주인 정신'을 외치며 기마 자세로 기합을 받기도 했다. 논란이 된 기업들은 입을 모아 팀워크와 정신력 강화를 목적으로 한 프로그램이라고 말했지만, 이 말에 동의할 수 있는 청년 세대는 거의 없을 것이다.

공식적인 회사 행사가 이 정도인데, 평소 업무 환경은 어느

정도일지 짐작하기조차 어렵다. 이런 식의 직장 문화는 삶의
질을 훼손하는 지경에 이른다. 누군가는 청년들이 나약해서
사회생활을 버티지 못하는 것이라고 힐난하겠지만, 이는
타당하지 못하다. 오히려 청년 세대가 그들이 말하는 '사회생활'을
견딜 만한 이유가 없다고 보는 것이 맞다. 기성세대에게 '생계'나
자신이 속한 '직장' 그 자체가 삶의 중요한 목적이었다면, 청년
세대는 삶의 목적에 더 다양하고 본질적인 영역들을 사고한다.
회사를 위해 내 삶을 헌신하는 시대는 끝났다. 직장 생활이 내
삶을 윤택하게 해야 한다. 이를 위해 노동환경은 물질적인 측면과
문화적인 측면 모두 변화해야 한다.

청년 실업, '책임'이라는 방향성이 필요하다

누구나 알고 있듯 청년 실업은 심각하다. 하지만 안타깝게도 이를
해결할 수 있는 마스터키는 없다. 어디선가 마법사가 나타나
요술을 부리지 않는 한, 청년 실업이 단박에 해결되는 일은 없을
것이다. 청년 실업이 한 가지 요인에 의한 것이 아니라, 한국
사회의 여러 복합적인 구조 아래 만들어졌기 때문이다. 줄어드는
노동인구, 과학기술 혁신, 노동시장의 변화, 열악한 노동환경,

자본주의 경제구조의 저성장 국면 등이 모두 작용하고 있다.
지나친 노동 강도, 열악한 노동환경 문제를 해결한다면 꽤 많은
부분이 해결되긴 하겠지만, 그렇다고 없던 일자리가 단숨에
늘어나진 않는다. 자본주의사회에서는 모든 문제의 핵심이
'비용'으로 귀결된다. 일자리 문제도 결국 '비용의 문제'인 것이다.
더 생산할 필요가 없는 서비스나 제품을 굳이 일자리 창출을 위해
계속 생산한다면 팔리지 않을 것인데, 이 손해는 누가 감당해야
할까? 그리고 그러한 일자리에 드는 비용은 누가 충당해야 할까?
국가가 하면 된다고 손쉽게 말할 수도 있지만, 자본주의사회에선
세금도 국민이 내는 '비용'이다. 물론 자본주의사회를 혁파하고
새로운 시장 구조를 만든다면 근본적인 해결이 가능하다. 하지만
여기선 현실 가능한 접근을 해보려 한다.

　바로 지금의 청년 실업을 야기한 가장 큰 원인에 그 책임을
묻고, 골치 아픈 '비용의 문제'를 해결하도록 하는 것이다. 청년
실업의 책임은 취준생 개개인들에게 있지 않다. 그들은 어쩌다 운
나쁘게 저성장 국면의 자본주의사회에 태어났을 뿐이다. 지금의
문제는 자본주의 시스템의 수혜를 가장 크게 받으며 풍족한
생활을 누렸지만, 그 권력을 사유화하며 사회를 잘못 운영해온
기득권의 책임이다. 그리고 그 기득권의 중심에는 누구나 알 듯
대기업 재벌들이 있다.

"대기업에서 시험을 보는데 그게 그들만의 시험이거든요. 공인 인증

도 아니고. 근데 마치 뭐랄까, 그걸로 사람을 평가하고 자신의 회사에 맞는 사람이라는 것을 평가하는 게 유치하다고 생각해요. 이력서를 보고 심도 있게 면접이나 이런 걸로 알아보는 게 아닌, 시험을 보고, 그것도 그냥 수능 같은 시험. 업무에 필요한 게 아닌 것으로 시험을 보는? 쓸데없고 회사의 브랜드만 높이는 것 같아요. … 그런 걸로 장사도 하잖아요. GSAT니 뭐니, 마케팅 중 하나라고 생각해요. 삼성은 아무나 들어올 수 없다, 삼성만을 위한 인재가 따로 있다고 하는 그런 체제."

취준생 준희

대한민국이 '삼성 공화국'이라는 말은 허언이 아니다. 수많은 청년들이 삼성형 인재가 되기 위해 삼성에 맞추어 자신을 고쳐나가고 있다. 2005년 고려대에선 일부 학생들을 중심으로 이건희의 명예박사 수여를 반대하는 움직임이 있었는데 당시 "이러다 우리 고대생이 삼성에 취직하지 못하면 어떡하나"는 반응까지 나왔는데, 지금은 그보다 더 상황이 심해졌다. 이러한 대기업에 대한 비정상적인 충성심은 한국 사회의 권력을 대기업 재벌이 독점하고 있다는 사실에서 나온다.

자본주의에서 일자리 창출은 국가가 아니라 기업의 몫이다. 국가가 대기업들에 세금 지원, 법적 보호 등 온갖 혜택을 주는 이유는 그들이 재화를 생산하고 노동인구를 고용하기 때문이다. 그런데 한국의 대기업들은 이러한 자신들의 책임을 방기하고

있다. 말로는 경제가 어렵다며 대기업도 위기라고 하지만 믿기
어렵다. 대기업들은 고용도 없이(또는 고용을 줄여서) 꾸준히 매출을
늘리고 있다. 따라서 대기업과 재벌들이 청년 실업을 해소하기
위해 가장 큰 비용을 부담해야 한다.

　2016년 청년 정치조직 〈청년하다〉는 기업의 사내유보금에
청년 고용세를 매겨 청년 실업에 대한 복지 예산을 마련하자는
아이디어를 냈다. 사내유보금은 기업이 자본거래를 하다 생긴
자본잉여금과 거둬들인 이익을 배당하고 남은 이익잉여금을
합쳐 쌓아둔 돈이다. 쉽게 말해 기업의 곳간이라고 할 수 있다.
이 사내유보금은 기업 오너의 돈이 아니며 기업의 재투자 혹은
사업 확장을 위해 사용할 목적으로 '유보'한 돈이다. 그런데
언제부터인가 한국의 대기업들은 이 사내유보금을 곳간에
넣어두고 쓰지 않고 있다. 2017년 한국의 10대 그룹 사내유보금은
515조 원이었다. 대한민국 정부 1년 예산이 400~500조
규모인 것과 비교해보면 어마어마한 금액이다. 그런데 이러한
큰돈이 그 기업에서 일하는 노동자나 앞으로 그 기업에서 일할
구직자들에게 가지 못하고 곳간에만 있는 것이다. 청년 실업에
대한 복지 예산이 필요하다면, 예산을 충당해야 하는 대상은 많은
수익을 지금까지 보장받아 온 대기업이다. 심지어 쌓여 있는
돈도 충분한 상황이다. 한국 기업들은 자신들의 사회적 책임을
외면하고 있다. 자신의 기업에서 자신들을 위해 일할 청년들을
교육하는 비용조차 기업이 아닌 개인에 전가한다. 이런 상황에서

사내유보금에 청년 고용세를 매긴다는 발상은 꽤 유의미하다고
평가할 수 있다.

'칼퇴근'하고 맥주 한잔하고 싶을 뿐인데

"가장 이상적이라 생각하는 라이프는 정시에 퇴근해서 취미 생활을
하거나, 가족 혹은 친구와 함께 저녁을 먹고 나서 맥주 한잔하며 그
날 하루에 대해 수다를 떠는, 생각만 해도 따뜻한 일상이에요. 소소
한 행복이자, 로망이죠."

공무원 시험을 준비하는 한솔

"그냥 정시에 출근해서 너무 늦지 않게 퇴근해서 좋아하는 사람이
랑 데이트한다거나 친구들 만날 수 있고. 내 여가 시간을 즐길 수 있
는? 그러다가 휴가가 생기면 금전적인 부담 없이 가고 싶은 곳 갈 수
있는?"

대기업 입사를 준비 중인 지만

"취직 이후 이상적인 라이프는 출근하고 칼퇴근하며 제 나름대로 생
활을 즐기는 것입니다. 그리고 한 달에 한 번씩 문화의 날에 영화를

보러 가고 싶어요."

연구원으로 취직을 앞둔 석재

"이상적인 라이프는, 저는 단순하게 사는 걸 원해요. 9시에 회사 가서 일하고 저녁에 퇴근하고. 집에서 혼자 맥주 먹으면서 편하고 여유롭게 살고 싶어요."

CPA를 준비하는 현민

"돈을 벌어서 저금하고 남는 거는 콘서트를 보는 데 쓰고 싶어요. 고등학생 때부터 윤민수를 좋아해서 가끔 서울로 바이브 콘서트를 보러 다녔는데 간호 실습 때문에 바빠서 대학생이 돼서는 가지 못했거든요. 취업하면 콘서트를 보고 게임에 현질도 종종 하고 싶어요."

간호학과에 재학 중인 하은

"퇴근을 6시에 하는 것. 칼퇴근이죠. 주말이나 이럴 때는 여행도 다니고 싶고 평일 저녁에는 운동을 열심히 하고 싶어요."

공무원 시험을 준비 중인 민식

"늦어도 7시에 퇴근을 해서 저녁 시간에 운동하거나 사람들을 만나고 싶어요. 저한테 많이 투자하고 싶어요."

일반 기업에 취직을 준비하는 수철

청년들에게 취업에 성공한다면 어떤 인생을 살고 싶냐고 물었다. 하나 같이 '칼퇴근해서 맥주 한잔하는' 그런 소소한 삶을 말했다. 대단한 야망이나 큰 꿈을 가지고 있는 게 아니었다. 심지어 내 집 마련을 하겠다는 목표조차 없었다. 어떻게 보면 너무나 작고 어렵지 않은 일인데, 그런 평범함조차 꿈이 되는 현실에서 우리는 살고 있다.

"생각보다 많이 들어가요. 제가 한 달에 100만 원 정도 써요. 학원비 30~40만 원, 독서실비가 20만 원 정도. 밥값은 하루에 만 원만 쓰더라도 30만 원이 들고 교통비 이런 것들도 포함하면 100만 원 쓰죠. 처음에는 부모님한테 손을 벌렸어요. 6개월 정도 부모님이 지원해주시다가 돈이 너무 많이 드니까 힘들다고 하시더라고요. 그래서 제가 주말에 5시간 정도 알바를 하고 있습니다. (취준 시 가장 어려운 점은?) 아무래도 금전적인 고민이죠. 아니면 편하게 공부할 수 있었을 거예요."

CPA를 준비하는 현민

"제가 다니는 기숙 학원 공시원 아이들은, 굉장히 부유한 애들이 많아요. 일단은 기숙 학원을 다니는 것 자체가 굉장히 부유하다는 이야기거든요? 학원비도 보통이 아니고, 일단 저는 제가 일하면서 모은 돈의 3분의 1을 공무원 준비하는 데 쓰고 있는데, 공무원 준비하는 애들 평균 연령이 20~23살인 걸 감안하면, 굉장히 많은 돈을 쓰고 있다고 봐요."

공무원 시험 기숙 학원을 다니는 민수

"공무원은 실제로 공부해 봤는데 돈이 필요해요. 공무원은 공단이나 공기업에 비해 좀 힘들어요. 공무원은 이거 아니면 죽겠다는 사람도 많고. 허수가 많다고는 하지만 난이도가 높고, 직무에서 필요한 게 아니라 어떻게 떨어뜨릴지 고민하는 시험이라… 정말 1년 동안 엉덩이 붙이고 앉아서 공부해야 하는데 집에서 이걸 지원해줄 수가 없죠."

공무원 시험을 중도 포기한 상준

"경제적 어려움도 많이 있죠. 취업 준비가 돈을 버는 일이 아니라 쓰는 일이다 보니까. 그런 스트레스도 크고 그렇죠."

취준생 영주

취업을 준비하면서 가장 힘든 일이 무엇이냐고 물었을 때, 가장 많았던 대답은 '경제 문제'였다. 결국 '취준'도 '돈'이 있어야 가능했다. 취직해서 돈을 쓰고 싶은 일은 맥주 한잔 정도인데, 취직을 위해 그보다 훨씬 더 많은 돈을 쏟아부어야 하는 상황은 참 아이러니하다.

청년 실업이 심각하다는 진단에 동의하지 않는 사람은 없다. 하지만 그 원인과 처방에 대해서는 모두가 각양각색이다.

누구는 기업에 투자해서 자연스럽게 고용이 창출되도록 해야 한다고 말하고, 누구는 양질의 일자리를 늘리기 위해 정부에서 공공 일자리를 늘려야 한다고 말한다. 중소기업을 성장시켜야 한다, 청년들에게 구직 수당이나 실업 급여 등으로 경제적 지원을 해줘야 한다는 입장도 있다. 모두 맞는 말이고 또 틀린 말이다. 임시방편이거나 장기적인 대책일지는 몰라도, 근본적인 해법은 되지 못하기 때문이다. 모두가 좋은 일자리를 갖는 것은 불가능하고, 현재의 일자리를 모두 좋은 일자리로 만드는 것 또한 어렵다. 아무리 머리를 굴려봐도 어려운 상황을 단번에 돌파할 수 있는 마스터키는 없는 듯하다. 하지만 노력해야 한다. 적어도 청년 실업 대상자인 청년들의 입장에 공감해야 한다. 그리고 지금의 청년 실업 문제가 단순히 일자리 문제를 떠나 한국 사회의 노동 문제와 결합되어 있으며, 그 해결책은 더 나은 사회 시스템으로 나아가기 위한 경로를 찾는 과정 중 하나로 파악되어야 한다. 세상이 변화하지 않는다면, 좋은 일자리란 존재할 수 없다.

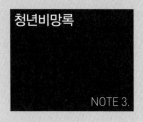

희진이 일했던 편의점은 최저임금을 주지 않았다. 처음 들어갈 때부터 사장이 '주지 못한다'고 못을 박았다. "사정이 어렵다, 요즘 안 주는 데도 많다." 뻔한 얘기였다. 시급이 당시 최저임금보다 천 원이나 낮았지만, 당장 일할 곳이 필요했던 희진은 들어갈 수밖에 없었다. 일을 그만둔 마지막 달에만 겨우 최저시급을 맞춰 받았다. 당시에는 신고 같은 걸 할 생각도 들지 않았다. 그냥 최저시급 못 받는 게 당연하다고 여기던 시절이었다. 최근 이슈가 되는 최저임금 만 원 운동을 보며, 희진은 단순히 올린다고 될 게 아니라는 생각이 들었다. 올리는 것도 중요하지만, 정해진 법을 무시하는 업주들에 대한 단속이 더욱 철저해져야 한다고 믿는다.

그렇게 낮은 시급을 받고 일을 했지만, 업무량은 결코 적지 않았다. 희진은 편의점 알바가 시간이 많이 남는 줄 알았고 편하게 일을 할 생각이었다. 틈틈이 공부를 하려 했다. 그러나 막상 해보니 물건 정리, 판매, 손님 대응, 청소, 기타 잡무. 모든 일을 알바가 도맡아서 해야만 하는 곳이 편의점이었다. 심지어 사장은 CCTV를 통해 희진의 일거수일투족을 감시했다. 할 일이 없어 핸드폰을 보고 있을 때면, 사장은 전화를 걸어 잔소리를 하곤 했다.

노동 그 자체에만 문제가 있었던 것도 아니다. 단지 잠깐 알바하는 편의점일 뿐인데, 그 안에서도 조직 문화와 인간관계가 발목을 잡았다. 희진이 일했던 편의점 사장은 같이 일하는 사람들끼리의 단합을 중요시했다. 그래서 알바들끼리 서로 친해지길 원했고, 회식도 종종 했다. 희진에게는 그것도 하나의 스트레스였다. 당시 희진은 힘든 시기를 보내는 중이었고, 정신적인 스트레스가 극심했다. 그래서 사람들이랑 어울리고 싶지 않았고, 사회적인 활동을 거의 하지 않으며 집에서만 생활하던 중이었다. 그런데 일하는 곳에서 자꾸만 강제적으로 회식에 부르고, 서로 간에 친목을 다지는 데에 참여시키니 죽을 맛이었다. 사장뿐만 아니라 알바 중에서도 희진을 힘들게 한 사람이 있었는데, 일하는 시간을 계속 바꿔달라고 요구했기 때문이다. 그때마다 희진은 별 수 없이 바꿔줬지만, 돈을 따로 더 받지도 못했다. 그냥 거절할 수도 있었지만, 희진은 인간관계를 너무 복잡하게 여겼다고 회고했다.

 편의점을 그만둔 이유도 결국 사람 때문이었다. 사장과 싸운 적이 몇 번 있었다. 사장은 희진의 태도가 자신의 '경영 철학'과는 맞지 않는다고 여겼던 것 같다. 회식에 대한 태도라든가, 다른 직원이랑 친해지려고 하지 않는 점 등을 문제 삼았다. "너는 일을 적당히 하긴 하지만 보통보다 더 열심히 할 생각은 없고, 우리랑 친해지려고 하지도 않는다"며 희진을 공격했다. 사장 입장에서 생각해보라고 말하기도 했다. 당연하지만 희진은 사장이 아니었으니 그럴 필요가 없었다. 사장은 나중에 업무와 관련해서도 여러 가지 트집을 잡았다. 제대로 알려주지도 않았고 시키지 않은 일임에도 불구하고 희진은 혼나야 했다. 사장은 "다른 알바들은 안 알려줘도 알아서 잘한다"며 희진을 심하게 질책했다. 결국 그 일을 계기로 크게 싸우고 일을 그만둬야 했다.

지금도 희진은 여러 알바를 전전하면서 지내고 있다. 돈을 번다는 건 참 힘든 일이다. 만약 돈 걱정 없이 살게 된다면, 희진은 꼭 부모님께 집이나 차를 사드리고 싶다. 물론 본인의 집이나 차도 사고 말이다.

청년비망록

NOTE 4.

태훈이 공무원 준비를 한다 했을 때, 주변 친구들은 다들 놀랐다. 아직 졸업도 한참 남았거니와, 무엇보다 태훈은 공무원을 할 성격이 아니었다. 학창 시절 소위 '튀는 행동'으로 학교 선생님들에게 찍힌 적도 많고, 그런 행동 때문에 친구들 사이에서 꽤나 인기가 있었기 때문이다. 그런데 그런 태훈이 공무원을 한다니.

사실 그것은 순전히 빚 때문이었다. 더 정확하게 이야기하자면, 공무원 시험을 준비하게 된 이유보다 시험에 붙자마자 졸업도 하지 못한 채로 공무원을 시작할 수밖에 없었던 이유가 바로 빚 때문이다. 하지만 빚을 갚으려고 직업을 구한 것이 아니다. 더 많은 빚을 지기 위해 공무원이라는 직업이 필요했다. 집안에 빚이 너무 많아서, 더 이상 부모의 이름으로 빚을 낼 수가 없어서, 공무원 신분인 태훈의 신용으로 대출을 받아야만 했다.

이왕 이렇게 시작한 공무원 생활, 열정적으로 해보려 했지만 쉽지 않다. 지금은 많이 지친 상태다. 기대했던 직장이 아니었다. 아무리

동사무소에서 일하는 9급 공무원이지만 태훈이 기대했던 사무직과는
너무 거리가 멀었다. 안 그래도 인력이 부족한데, 계속 민원을
봐야 한다. 민원 보는 일은 여간 힘든 일이 아니다. 사람들 마음이
왜들 그리 삐뚤어졌는지 모르겠다. 정말로 내 권한으로 할 수 없는
일, 정말로 안 되는 일을 자꾸 해달라고 소리를 지르고 화를 낸다.
그렇다고 욕을 할 수도 없는 노릇이다. 같이 일하는 동료들도 마음에
안 드는 점이 많다. 가족같이 일하자면서, 자기들이 날 필요로 할
때만 가족이고, 내가 도움이 필요할 때는 공과 사는 구분하자고 한다.
게다가 나이가 어리다는 점을 이용해, 어려운 일이나 까다로운 일만
생기면 우리 동사무소의 에이스라며 몰아주기를 시전한다. 이들을
만날 생각에 출근하기가 싫어질 정도다. 이 때문인지 요즘 부쩍
일어나는 시간이 늦어졌다.

　그렇다고 집에 있는 것을 좋아하는 것도 아니다. 오히려 더
싫어한다. 심지어 주말에도 출근한다. 주말에 출근하면 에어컨 바람도
쐴 수 있고, 추가 근무 수당도 받을 수 있기 때문이다. 다른 놀 거리를
찾아보려 했지만 쉽지 않다. 고기도 먹어본 놈이 먹는다고, 당최
놀아본 적이 없으니 주말에 뭘 해야 할지 모르겠다. 그래서 계속 일만
하며 살고 있다. 일주일 내내 직장에 있다 보니 직장 밖의 생활 자체가
사라진다. 직장을 위해 사는 사람이 된 것 같다. 대화 소재도 일
말고는 없으니, 옛 친구들을 만나는 것도 예전처럼 즐겁지만은 않다.
친구들에게 지금 자신의 상황에 대한 공감을 바라는 것도 민폐인 것
같아, 웬만하면 술자리에 끼지 않으려 한다.

더 의미 있는 일을 하고 싶다. 원래는 학자가 되고 싶었고, 공무원을 준비하면서는 좋은 관료가 되고 싶었다. 하지만 지금은 이도 저도 아니다. 또래 친구들은 캠퍼스 라이프를 즐기고 자기의 꿈을 따라가는데, 태훈은 남들이 다 누리는 것조차 누리지 못했다. 이게 다 돈 때문이다. 돈 때문에 대학을 마치지 못한 채로 공무원이 됐다. 제대로 배우지도 못했지만, 그나마 대학에서 배웠던 것도 여기선 아무 쓸모가 없다. 태훈은 직장에 매몰되어 자신이 사라진 지금이 너무 싫다. 태훈은 이렇게 말한다. 나는 '나'가 아니라 '사무원'이라고.

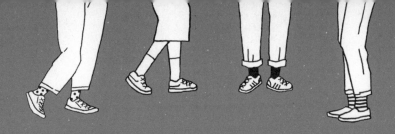

WHAT2:

청년 주거난의 본질

태초에 인간에게 주어진 가장 첫 번째 자원이 있다면 그것은 바로 '땅'일 것이다. 인간은 본래부터 주어진 '땅'에 '소유권'을 주장하면서 지구에서 가장 특별한 동물이 되었다. 인간의 영역에 다른 동물들이 침범하지 못하게 했고, 이어 같은 인간들끼리도 서로의 영역을 구분했다. 땅은 항상 그 자리에 그대로 있었지만 땅의 주인은 전쟁과 수탈과 학살로 바뀌었다. 그러한 갈등과 대립은 현재 한국 사회에서 부동산을 둘러싼 경쟁과 투기로 남아 있다. 아파트 분양을 앞두고 즐비한 '떴다방'과 길게 늘어선 인파를 보면 놀라지 않을 수 없다. 문제는 이 경쟁에서 청년 세대가 철저히 배제되었다는 것이다. 집은 필요한데, 너무 비싸서 구할 수가 없다. 태초에 먼저 '도장 찍은 사람'이 땅에 대한 소유권을 가질 수 있었다. 지금의 한국 사회에서는 먼저 태어났으면 장땅이고, 단순히 기성세대보다 늦게 태어났다는 이유만으로 우리는 천문학적인 집값을 내야 살 수 있는 현실에 놓여 있다.

청년이 사는 빈민 아파트?

2018년 4월 서울 영등포구의 한 아파트 단지에 안내문 하나가
붙었다. 제목은 '5평형 빈민 아파트 신축 건'이었다. 여기서 빈민
아파트는 서울시가 청년 주거 문제를 해결하기 위해 시행한
정책 중 하나인 '역세권 2030 청년 주택'을 말한다. 서울시는
청년들에게 시세보다 저렴한 가격에 임대주택을 제공하기 위해
2022년까지 역세권에 청년 주택을 8만 호 공급할 예정이었다.
그런데 시작부터 난관에 부딪힌 것이다. 안내문에는 주민들이
청년 임대주택을 반대하는 이유가 몇 가지 적혀 있었다. 아파트
가격 폭락, 지역 슬럼화, 아동·청소년 문제, 불량 우범 지역화
등이었다. 집 살 돈 없는 청년들이 고작 5평짜리 집을 임대해서

이사하는 것뿐인데, 온 동네가 슬럼가나 범죄 도시처럼 된다고
믿나 보다. 문제는 영등포뿐 아니라, 청년 임대주택 시행 지역
곳곳에서 이러한 갈등이 벌어지는 것이다. 이렇게 청년은 '빈민'
취급당하고 있다.

"보증금이 천만 원에 월세가 35만 원, 거기다 공과금까지 합하면 한
달에 40~50만 원 정도가 집에 들어가는 것 같아요. … 지금 제 수
입의 절반을 주거에 쓰고 있는데 그건 너무 과한 것 같아요. 그래
서 수입 중 주거에 쓰는 비중을 줄이고 싶어요. … 그냥 월세 가격이
10만 원만 내려갔으면 좋겠어요."

자취 중인 대학생 은성

자취 중인 대학생 은성은 현재 원룸에서 생활하고 있지만,
취직이 된다고 하더라도 주거 상황이 더 나아지리라는 희망이
없다. 어쩌면 평생 동안 '내 집 마련'을 못 할지도 모른다. 과연
이러한 절망이 은성만의 문제일까? 인터뷰에 응했던 청년들은
가장 공감가는 청년 문제로 주거난을 꼽았다. 그만큼 청년
주거 문제에 대해서는 계층과 직업군을 막론하고 그 심각성을
체감하고 있다는 의미일 것이다.

기성세대가 외치는 '내 집 마련'과 청년들이 말하는 '주거
문제'는 질적으로 완전히 다른 것이다. 기성세대에게 집은 곧
자산이다. 그들은 취업, 결혼과 출산의 코스가 굉장히 일률적이고

보편적이었던 시대를 산 만큼, 인생의 성과가 곧 집으로 수렴되었다. 더 넓은 집, 더 큰 집은 성공의 지표이자 실질적으로 '나의 자산' 상태를 보여주었다. 그리고 그 집을 담보로 자신의 미래와 노후를 준비하고, 더 여유가 있다면 재테크를 할 수 있었다.

그러나 청년들에게 주거 문제는 그러한 종류의 것이 아니다. 지금 당장 대학 생활이나 사회 초년생 시절을 버텨나갈 거점이 필요하다. 넓은 집은 바라지도 않는다. 자신의 몸을 누일 곳, 인간으로서 누려야 할 최소한의 생활 터전을 원한다.

"(처음 고시원 들어갔을 때 실망했는지?) 아뇨. 이 정도면 살 만하다고 생각했어요. 공간이 크게 필요한 것도 아니고 잠자고 씻고 그런 것만 할 수 있으면 되니까요. 오히려 관리비가 없으니까 에어컨도 맘 놓고 쓸 수 있고. 싸다! … 그런데 좁다는 게 살면 살수록 크게 느껴지더라고요. 1년 정도 살면서 집 안에 물건들이 계속 들어오는데, 나중에는 책을 꽃을 데가 없는 거예요. 그리고 화장실, 세탁기 이런 게 공용이라 조금 불편하기도 하고. 방음도 안 되고. 창문이 없어서 환기도 기대할 수 없고 햇빛도 아예 들어오지를 않죠. 낮 두 시에도 한밤중이랑 구별을 못 하니까 나름대로 스트레스가 크더라고요. 취사 문제도 있어요. 공용 주방이 있는데 제 방만큼 좁아서 한 사람밖에 못 쓰는 거예요. 그러니까 한 번에 한 사람만 요리를 해 먹을 수 있고 여럿이 쓰니까 음식을 오래 두고 먹지를 못해요. 제대로 된 요리를 할 수가 없고 요리를 한다고 해도 간단한 요리? 프라이팬에 볶아서 덮밥식으로 밥 위에 부어서 방에 들고 들어가 먹는? 그런 형식이죠. … 그리고 나름 제 집인데 다른 사람들을 초대 못 하기도 하고. 안타깝다고 해야 하나 혼자서. 저는 제 따뜻한 공간에서 제 맘대로 스피커로 시끄럽게 노래 틀어놓고 마음껏 TV 소리 키우고 노래도 부르고 싶은데 그러지를 못하니까. 아니면 친구 불러서 맥주라도 한 캔 하고 싶은데 이런 활동을 하지 못할 때 내 공간이 아니라는 감정을 많이 느껴요."

고시원에서 살고 있는 승일

　그래도 혼자 산다면 고시원이나 원룸에서 버틸 순 있다. 비록 다른 일상생활은 거의 못 하겠지만, 알바를 열심히 해서 매달 꼬박꼬박 월세를 내면서 말이다. 하지만 결혼을 하고 싶고 가정을 꾸릴 계획이라면 그때부터는 참 어렵다. 원룸이나 고시원도 힘든데, 3인 가족이 살 만한 집을 어떻게 구하겠는가. 부모님이 요구하는 넓고 좋은 집은 그림의 떡일 뿐이다. 사실 방법이 한 가지 있기는 하다. 바로 '대출'이다. 대출은 대다수 서민들이 집을 구하는 수단이다. 그래도 예전에는 대출로 내 집을 마련하면 집값이 알아서 올랐다. 그래서 대출금을 착실히 갚아나간다면, 그 집이 대출금보다 더 많은 돈을 벌어줄 것이라는 믿음이 있었다. 하지만 앞으로 청년 세대가 살아갈 시대는 다르다. 전 국민이 한국의 부동산 시장이 거품이라는 것을 알고 있는데, 누가 집값이

더 오를 것이라고 장담할 수 있을까. 설사 부동산 재테크를 할
수 있는 일부 지역이 존재한다고 하더라도, 그 지역 아파트를 살
수 있을 만큼의 대출금을 빌리려면 그만한 자격이 있어야 한다.
고수익 직업이나 다른 담보가 있어야 하는데, 이 경쟁에서 이길
수 있는 청년들은 당연히 제한적이다. 이를 제외한 절대다수의
청년들은 앞으로 살아갈 집을 위해 평생을 일하며 대출금을
갚아나가야 할 것이다. 조선 시대 노비들은 주인들을 위해 밭을
갈고 일을 하면서, 그 대가로 주인집에 얹혀살았다. 우리의 삶이
이들과 뭐가 그리 다를까. 다만 주인이 누구인지도 모른 채
은행에 대출금을 갚아나갈 뿐이다.

청년 임대주택에 대한 빈민 아파트 논란은 주거 문제에 대한
기성세대와 청년 세대의 관점을 잘 드러낸다. 기성세대에게
아파트값이 올라가고 내려가는 문제가 청년 세대에게는 생존의
문제인 것이다.

노-답 부동산

"고려대 근처에서 자취방 사업을 하시는 분들이 기숙사 신축에 대해
서 반발이 심하다는 얘기를 들었어요. 잘은 모르겠지만 아마 기숙사

가격 같은 것에도 민감하겠죠. 그분들은 어느 정도의 담합이라고 해
야 하나? 직접적이진 않겠지만 암묵적인 가격 책정 관례 같은 것도
있을 거고. 적폐라고 해야 하나? 단순하게 해결할 수 없는 까다로운
문제들인 건데 이런 부분들을 국가 차원에서 해결할 필요성이 있을
것 같아요."

학교 근처에서 자취하는 대학생 호철

　한국의 주거 문제는 어제오늘 일이 아니다. 심각한 거품이다,
이제 곧 거품이 빠진다, 일본처럼 부동산 가격 폭락으로 대혼란이
온다, 이런 말들은 오래전부터 돌고 있지만, 아직까지 대한민국의
부동산 불패 신화는 굳건하다. 물론 부동산 거품이 곧 빠진다는
의견이 틀린 말이라고 할 수는 없다. 확실히 한국 부동산 시장
실태가 정상은 아니기 때문이다. 하지만 이것을 '정상화'시켰을 때
나타날 반작용에 대해 책임지기란 쉽지 않다. 혹자는 집값 안정
정책을 두고 '언제 터질지 모르는 폭탄을 정권이 바뀔 때마다
돌리는 것'이라고 평가한다. 설사 진보적이고 평등주의적인
기조를 가진 정권이더라도 대책 없이 집값을 '안정화'시킨다면
그 후폭풍을 감당하기 어려울 것이다. 이는 한국 경제에서
부동산 투기 시장이 차지하는 비중이 매우 크기 때문이다. 산업
영역에서의 기술집약적 발전이 더 이상 경제 성장을 견인할 수
없게 된 2000년대 이후, 한국의 실질적인 경제성장률을 만들어낸
것은 가계의 부동산 투기와 정부의 경기 부양책 남발을 바탕으로

한 건설 투자였다.

　이런 상황에서 부동산 투기가 꺾이면 경제성장률은 떨어질 수밖에 없다. 투기가 꺾여 집값이 떨어지는 것은 단순히 한국 경제의 위기만을 의미하지 않는다. 이는 한국 기성세대 전반의 몰락을 의미하는 것일 수도 있다. 위에서 언급했듯이 한국 중산층에게 '집'은 단순한 주거 공간이 아니라 전 재산 자체이기 때문이다. 지금의 투기 시장이 조성될 수 있었던 것은 이러한 각 가정의 자기 방어적인 태도에서 기인한 부분도 있다. 만약 한국의 부동산 불패 신화가 끝나고 집값에 낀 거품이 빠지기 시작한다면, 집이 가진 재산으로서의 가치가 추락하고 미래의 안정된 삶도 담보할 수 없게 된다.

　직장을 가지고도 불안정한 미래를 집에만 의존할 수밖에 없는 기성세대들은 자신들의 자식들은 다른 삶을 살기를 바라는 마음에 교육에 집중 투자한다. 주로 자녀들을 안정적인 공무원이나 고소득 전문직으로 만들고 싶어 한다. 이들의 사교육비, 대학 등록금, 이런저런 시험을 준비하는 데에 필요한 비용 역시 역설적이게도 집에서 나온다. 이들은 유일하고 든든한 자산인 부동산의 가치가 떨어지기 전에 자녀에게 안정적인 일자리를 만들어줘서 독립시켜야 한다는 생각이 절실하다. 청년 세대도 부모가 가진 집을 이용해 자신의 미래를 준비하는 셈이다.

　문제는 집값이 오르면 오를수록 청년 세대의 미래는 암울해진다는 것이다. 자산으로서의 집에 대한 이해관계 때문에 청년들은 주거 공간으로서의 집조차 가질 수 없게 된다. 당장 타지에서 대학 생활, 직장 생활을 하면서 필요한 주거 공간을 구하는 일부터 큰 부담이다. 독립과 결혼 계획을 세울 때도 집 구하기가 하늘의 별따기다. 청년 세대의 미래를 생각하면 정부에서 집값을 잡아줘야 하는데, 그러면 정작 청년들이 미래를 준비하는 데 필요한 자산이 사라지는 딜레마가 발생한다.

수도권과 주요 대도시에 비정상적으로 인프라가 몰려 있는 상황은 이런 모순을 더 악화시킨다. 대학이나 직장 근처에 소규모 주택들을 소유한 기성 건물주들은 그들 나름의 이해관계에 따라 행동하므로, 집값을 낮춰줄 생각이 없다. 오히려 고려대, 한양대를 비롯한 여러 학교에서는 기숙사 신축으로 인해 임대업 이익이 감소한다는 이유로 주민들이 기숙사 신축에 반발하기도 했다.[10]

부모가 집을 소유하고 있지 않은 청년들의 상황은 더욱 심각하다. 이들은 미래의 주거 공간은 물론 지금 현재 교육을 받거나 시험을 준비할 자산도 부모로부터 제공받지 못한다. 수도권과 대도시의 집값을 감당할 수도 없고, 좋은 일자리를 구할 수도 없는 이들은 인프라가 열악한 지방과 공단 지역으로 갈 수밖에 없다.

누군가는 일자리를 늘리는 것처럼 집을 늘린다면, 문제가 해결되지 않느냐고 물을 수도 있다. 그런데 만약 현 상황에서 어떤 원인에 의해서든 갑자기 집이 더 늘어난다고 가정해보자. 전체 집의 수가 늘어났으니 집값이 안정되고 원래 있었던 주거 문제가 어느 정도 해소될까? 그렇지 않다. 한국의 주택 보급률은 이미 100%가 넘었다. 한 사람이 많게는 수백 수천 채씩 집을 가지고 있는 상황에서 집이 갑자기 더 생긴다고 해도, 가격이 하락하기는커녕 비싼 집을 가진 부자들만 더 많아질 것이다. 집을 늘려서 집값을 낮출 수 없으니, 집값을 강제로 낮추면 어떻게 될까? 수백 채씩 집을 가지고 있는 부자들보다는 한 채의 집에 미래의 전부를 걸고 있는 수많은 가정들이 더 심각한 피해를 입을 것이다.

이 같은 특수한 이해관계는 평범한 중산층이 부동산 재벌의 편에 서서 집값을 유지시키는 데 복무하게 한다. 그들 스스로가 살아남기 위해서 무주택자들의 사정을 봐주지 않는다. 물론 그런 행위가 미래에 그들 자식 세대에게 주거난을 야기할 수도 있지만, 당장 눈앞에 마주한 건 미래가 아니라 현실이다.[11]

'내 집 마련'이 아니라, '우리 모두의 집'을 상상한다

"주거 문제에 있어서 사회 전반적인 위험성에 대해서는 체감을 하지 못하는 것 같아요. 그냥 개인적으로 '집이 왜 이렇게 비싸지?', '별로 좋지도 않은데 비싸네', 이런 차원에서 끝난다고 느껴요. 개인적인 차원에서 끝나고, '이걸 해결할 정책이 부족하다', 이런 인식이 없는 것 같아요. 애초에 그런 상황을 해결하기 위해서 어떤 정책이 필요하다는 인식도 별로 없는 것 같아요. 그냥 이건 개인적인 일이고 자연스러운 자본주의적 현상이라는 생각이 무의식적으로 박혀 있는 게 아닐까요."

자취 중인 대학생 호철

예부터 인류는 인간 생존 필수 요소 세 가지로 '의식주'를 꼽았다. 국가는 형성 이래 이 세 가지를 구성원들의 생존을 위해 어떤 형태로든 보장해주어야 했다. 천부인권을 기반으로 성립된 근대 자유주의 국가들만 그런 것이 아니라, 그 이전의 봉건국가들도 사회의 유지를 위해 피지배계급의 생존을 보장하는 것은 매우 중요한 일이었다. 다만 봉건시대에는 주거에 대한 보장이 의무에 대한 보상이었다면, 근대국가에서는 '권리'라는 표현으로 개념이 변화했을 뿐이다.

하지만 오늘날 한국 사회에서는 이상하게도 집이 '권리'보다 '재산'으로 기능하고 있다. 이는 자본주의 시스템에선 당연한 일일지도 모른다. 자본주의는 모든 것을 '돈'으로 환산하고 만들어내기 때문이다. 물도, 전기도, 의료도, 인간관계도 모두 상품이 된다. 문제는 이러한 자본주의적 사고가 인간에게 꼭 필요한 재화에 적용될 때 폐해가 드러난다는 것이다. 한쪽에서는 엄청난 양의 음식이 썩어가는데, 제3세계 빈민들은 먹을 것이 없어 굶어 죽는다. 자본주의사회에서만 특수하게 존재하는 극단적인 빈익빈 부익부와 분배의 비효율성이라는 모순이다. 집 또한 마찬가지다. 빈집이 넘쳐나지만, 정작 집을 절실히 구하는 사람들이 그 빈집에 들어가 살 수가 없다. 이렇듯 주거에 대한 '권리'로서의 개념이 사라져가는 것을 보면, 오히려 시대는 더 퇴행한 것만 같다.

물론 이러한 상황은 한국만의 문제가 아니다. 그래서 각 나라는 이러한 문제를 보완하기 위한 정책들을 펼친다. 이를테면 독일은 집주인이 월세를 함부로 올리거나, 세 들어 사는 사람을 함부로 내쫓지 못하도록 주거에 대한 법적 보호를 확대했다. 네덜란드에서는 합법적 계약 없이 심지어 몰래 누군가 침입해서 빈집을 점유한 후 일정 시간이 지날 경우 소유권을 인정해야 한다는 법이 있다. 모두 집주인이 함부로 세입자를 쫓아내는 것을 방지하기 위함이다. 싱가포르에서는 거의 모든 토지를 국가에서 소유해 집값을 낮춘다. 이러한 외국의 사례는 한국 사회가 심각한 주거난을 해결하기 위해 아이디어로 활용할 수 있다.

"친구들이랑 집 얘기를 하다 보면 '서울 집값 너무 비싸다, 서울뿐만 아니라 그냥 집값 너무 비싸다'. … 꼭 집값 때문만은 아니지만 제 주변에는 결혼을 안 할 생각인 친구들이 되게 많거든요. 이유 들어 보면 집 문제도 포함이 되어 있더라고요. … 집은 매매를 위해서나 재산을 불리기 위해서 구매를 하는 것에 제한을 둬야 한다고 생각을

해요. 사실 주거 문제는 돈 없는 사람들이나 문제인 거지 돈 있는 사
람들은 문제가 안 되잖아요. 그냥 한 채 두 채 여러 채 사 가지고 세
주면서 돈 불리면 되고. 저도 월세 살았지만 얼굴도 안 본 저희 집주
인한테 매달 몇 십만 원씩 부치면서 살았는데. 그러니까 그런 것을
좀 제한했으면 좋겠어요."

경기도 광주 거주 직장인 희수

2,291채. 국내에서 주택을 가장 많이 보유하고 있는 사람이
가지고 있는 집의 수다. 1,545채. 바로 뒤를 이은 2위다. 각각
60대와 50대다. 청년들은 자신들의 생활공간을 흔히 지옥고(지하,
옥탑방, 고시원)라고 부르며 평생 집 한 채 마련하기가 꿈같은데,
이와 비교하면 엄청난 격차다. 집은 사람이 사는 곳이고, 한
사람이 여러 채를 소유한다고 여러 채에 동시에 살 수는 없다.
한 사람이 여러 채를 소유한다는 것은 '살기 위해서'가 아니라,
그곳에 '다른 사람들이 살 수 없게 함'으로써 돈을 벌겠다는
의미다. 2,291채를 소유했다는 것은 2,290가구가 살 곳을
독점하고 있는 것과 같다. 이처럼 사유재산의 자유라는 무제한의
폭주는 주거의 빈익빈 부익부를 더욱 극대화시켰다.
　한국의 주택 보급률은 이미 2008년에 100%를 넘었다. 모든
가구에 집을 나눠주고도 집이 남는다. 그런데 왜 우리는 자기
소유의 집 하나가 없을까. 당연히 한 채 이상의 집을 소유하고
있는 가구들 때문이다. 이러한 사람들은 세를 줌으로써 재산을

얻는다. 2018년 1월, 서울역 쪽방상담소가 관리하는 65개 쪽방 건물 토지 소유주를 확인해보니 전체 114명(국유지 1곳 제외) 중 68.4%인 78명의 주소가 토지 주소와 달랐다. 실제 주소가 도곡동 타워팰리스인 건물주가 있는가 하면 고등학생 땅 주인도 있었다.[12] 실제로 그 집에 살지 않으며 그 집이 아니더라도 살 곳이 있는 사람들의 이득을 위해, 살 곳이 없는 사람들이 내몰리고 있다. 이제 부동산은 발전과 건설, 경기 부양의 문제가 아니라 '분배'의 문제다.

대한민국은 경쟁 사회다. 무언가를 얻고 싶다면 그만큼 노력해야 하고, 경쟁에서 이겨야 한다. 그게 학벌이든, 일자리든, 집이든 말이다. 경쟁에서 탈락한 사람들은 때로는 운을 탓하기도, 공정하지 못했다며 시스템의 문제를 지적하기도 한다. 그러나 제아무리 불공정한 경쟁과 부정부패한 사회시스템이 있더라도, 자신이 못난 탓이라고 생각하는 착한(?) 사람들 또한 어디에나 있다. 취직이 안 되는 것은 자신이 못났기 때문이라며, 학벌 사회에서 좋은 대학에 가지 못한 것이 잘못이라고 자학하는 청년들을 쉽게 찾아볼 수 있다.

하지만 집은 다르다. 집을 살 수 없는 것이 자신의 책임이라고 생각하는 청년들은 없다. 그만큼 사회적 해결을 요구하는 공감대가 높다는 말이다.

기성세대와 청년 세대에게 각자 집이 어떠한 의미인지 표로 정리해보았다. 재산권과 생존권, 둘 중 무엇이 더 가치 있다고

기성세대	청년 세대
재산권	생존권
자산	주거 공간
기득권 보호	경제적 재분배

평가되는 사회에 살고 싶은가? 자산과 주거 공간 중 어느 것이
삶에 꼭 필요한 것일까? 기득권이 보호되는 세상과 경제적으로
재분배가 가능한 세상 중 무엇이 더 정의롭다고 말할 수 있을까?
답은 간단하다. 조금 더 정의로운 방향으로 사회가 나아가기
위해, 상당수의 기성세대가 손해를 감수해야 한다면 그렇게
요구해야 한다. 이는 청년 세대가 부끄러워할 일도 구걸해야 할
일도 아니다.

   물론 청년들이 살 곳이 없다고 해서 부동산에 대한 분배의
불평등 문제가 청년 문제로만 환원될 순 없다. 그래서
토지공개념의 대두, 공시지가 현실화, 국토보유세 등 다양한
대안들이 요구된다.

   다만 조금 더 구체적으로, 시장구조를 고려하면서 파격적인
주거 재분배가 가능한 방법을 고민해볼 필요가 있다. 집값을
억지로 낮추는 방식이나 청년 임대주택 등 집을 더 짓는
방식으로는 부족하다. 오히려 장기적으로 봤을 때, 부작용만
양산될 여지가 크다. 집값은 언제든지 오를 수 있고, 당장 살 집이

필요하다고 임대주택을 많이 지어놓는다면 한국의 부동산 시장은 더 왜곡될 것이기 때문이다.

우리가 제시할 수 있는 가장 단순한 방법으로는 '주택 보유 수 제한'이 있다. 말 그대로 한 사람 명의로 보유할 수 있는 주택의 숫자를 한 채로 제한하는 것이다. 이렇게 하면, 가장 먼저 수천 채를 보유하고 있는 기득권이 집중적으로 타격을 받을 것이다. 또한 필연적으로 집값을 낮추어 무주택자들에게 더 많은 기회를 부여할 수 있다. 현재 집 한 채 정도를 자산으로 보유하고 있는 가정들은 어느 정도 손해를 감수해야겠지만, 결과적으로 누가 좋은 집에 사느냐의 경쟁 구도는 계속 존속할 것이며 집이 자산으로 기능한다는 사실 자체가 변하진 않는다. 이는 주거 문제를 해결하는 과도기적 방법으로서 충분히 고민해볼 여지가 있다.

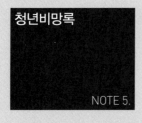

처음 들어올 때만 해도 이렇게 오랫동안 고시원에 살 줄 몰랐다. 언제 고시원이라는 답답한 공간에서 탈출할지, 승일은 자신이 없다.

대학에 입학했을 때, 집안은 이미 기울 대로 기운 상황이었다. 나주에서 살다가, 수원에 살다가, 다시 충청도 어딘가에서 살다가, 결국 수원에 자리를 잡았다. 서울로 통학하기엔 부담스러운 거리라 어쩔 수 없이 고시원을 택했다. 사실 선택한 것이 아니다. 주어진 선택지가 고시원뿐이었다. 그래도 처음 고시원에 들어갔을 때는 나쁘지 않았다. 서울이라는 공간에서 내 한 몸 누일 곳이 있고, 관리비가 없으니 에어컨을 펑펑 틀어도 되고. 잠자고 씻을 수 있는 공간이면 족했다. 하지만 그것도 하루 이틀이지, 3년을 고시원에서 사니 이제는 죽을 맛이다. 곰팡이도 슬고, 부엌은 공용이라 눈치를 보면서 밥을 해 먹어야 한다. 화장실도 공용이라 타이밍을 제대로 잡지 못하면 지각하고, 다른 사람 샤워가 끝날 때까지 기다려야 하니 너무 답답하다.

승일은 자신만의 공간에서 좋아하는 노래를 스피커로 크게 틀어놓고 따라 부르고 싶고, TV로 좋아하는 프로그램을 보고 싶고, 친한 친구를 불러서 집에서 맥주 한 캔 하고 싶은데, 고시원에선 그럴 수 없다. 이젠 서울에 자기 한 몸 누일 수 있는 곳이 여기뿐이라는 사실에 절망감만 든다. 고시원 생활이 길어야 세 달 정도겠지 했지만, 아직까지 진짜 자신의 집은 없다. 아마 미래에도 없을 것 같다. 요즘 정부에서 청년 주거에 많은 지원을 하고 있다고는 하지만, 승일은 들어본 게 거의 없다. 어려운 형편에 스마트폰이 없어 주거 지원을 자세히 찾아볼 수 없었던 탓이다. 그렇다고 주변의 친구들에게 물어보기도 민망하다. 돈 없는 티를 내고 싶지 않기 때문이다.

고시원이라는 공간에 살다 보니, 주거 문제는 꼭 청년만의 문제만은 아닌 것 같다. 승일은 고시원에서 청년이 아닌 사람들도 꽤 많이 봐왔다. 중장년 아저씨들. 취업을 못 했을 수도, 그 근처에서 일하는 비정규직 노동자일 수도 있다. 어떤 삶을 사는 사람들인지 잘은 모르겠지만, 그 나이가 되어서도 고시원에 살고 있는 사람들이 이렇게 많다는 것은 승일에게 조금 놀라운 일이었다.

승일은 어려운 형편이지만 그래도 하고 싶은 게 있다. 철학을 배우기 위해 대학원에 진학하는 것이다. 하지만 좋지 않은 가정 형편에 대학원을 가는 게 맞는 선택인지 고민이다. 아무래도 빨리 취업을 하는 것이 맞지 않을까? 주변 친구들은 승일에게 "정말 가고 싶으면 대학원을 가라"고 조언한다. 그렇지만 대학원에 간다 해도 승일의 상황은 나아지지 않을 것이 뻔하다. 아마 대학원에 가서도 계속 고시원에 살아야 할 것이다. 승일은 빨리 고시원을 나와 살고 싶지만, 생각할수록 헛웃음만 나온다.

등록금에 대한 부담이 사라지면 좋겠다. 청년들이 대학에서 공부를 하는 것이 사회적으로 지지받을 수 있다면 좋겠다. 돈에 대한 부담 없이 대학에 다니고 여가 시간에 아르바이트가 아닌, 다른 무언가를 할 수 있는 사회가 된다면 좋겠다. 승일은 고시원에 사는 자신과 여기

사람들을 볼 때마다 드는 생각이 있다. 바로 이 사회가 제정신이
아니라는 것이다.

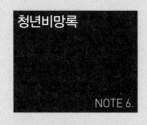

청년비망록

NOTE 6.

서울에 있는 대학을 다니는 호철의 본가는
전주다. 지금은 학교 근처에서 자취를
하고 있지만, 이전에는 기숙사에서
살았다. 기숙사, 자취, 기숙사, 자취의
여정. 아마 군대 가기 전까지는 계속
자취를 할 것 같다. 사실 호철은 졸업하고 취업을 하더라도 계속
자취를 하고 싶다. 고향인 전주로 내려가 살 생각이 별로 없기
때문이다. 여러 가지 이유로 호철은 서울이 전주보다 훨씬 마음에
든다.

　다른 사람과 같이 사는 것은 호철에게 상당히 피곤한 일이다. 전주
집에서는 부모님의 통제가 심했다. 일어나는 시간부터 외출했다가
들어오는 시간까지, 호철의 자유분방한 생활 패턴과 부모님의 기준은
잘 맞지 않는다. 심지어 집에 있으면 원하지 않는 교회에 일요일마다
나가야 한다. 기숙사에 살 때도 좋았지만, 룸메이트와 같이 산다는
점이 문제였다. 룸메이트 때문에 특별히 큰 불편이 있었던 것은
아니지만, 다른 사람과 생활공간에서까지 같이 있다는 것만으로도
공기가 무거워지는 느낌이다.

　물론 혼자 사는 데 들어가는 비용이 다소 부담스럽기는 하다.
방역에 들어가는 비용과 곰팡이를 관리하는 비용이 좀 크다. 농담 반

진담 반으로 호철은 기숙사는 인간이랑 사는 것, 자취는 벌레랑 사는 것이라고 말하곤 한다. 자취는 식비 문제도 크다. 돈이 늘 부족해서 혼자 라면을 먹거나 햇반에 스팸으로 때우는 경우가 많다. 돈이 없을 때는 당장 돈이 나가지 않는 핸드폰 결제로 치킨을 한 마리 사서 이틀, 사흘 정도 두고 먹을 때도 있다. 하지만 그런 생활이 딱히 고되거나 한 건 아니다. 그냥 이렇게라도 혼자 편하게 사는 것이 좋다.

호철은 미래에 대한 구체적인 생각이 아직 없다. 잠깐 대학원 진학도 생각해본 적이 있고, 공무원 시험을 볼까도 생각해봤다. 하지만 아직 군대도 안 다녀왔고, 그래서 미래 계획이 엄청 조급하게 느껴지지는 않는다. 일단 확실한 건 서울에서 살고 싶다는 것과, 결혼 생각이 딱히 없다는 것이다. 만약 결혼을 하더라도 출산은 안 할 계획이다. 결혼과 출산에는 비용이 너무 많이 든다. 누가 봐도 풍족하게 살 수 있을 정도로 돈을 번다면야 다시 생각해볼 문제지만, 그런 조건이 갖추어지지 않는다면 결혼을 할 생각이 없다. 특히 육아 같은 경우는, 굳이 아이를 낳아서 투자를 해야 하는지에 대해 의문이 든다. 스스로를 위해 투자하기에도 바쁜데 말이다.

결혼 생각이 없는 만큼 큰 집을 구할 생각도 딱히 없다. 그냥 지금 사는 원룸 정도 수준에서 혼자 사는 것만으로도 만족이다. 물론 정말 돈이 넘쳐나게 되면 큰 집에서 살 수도 있겠지만, 넓고 좋은 집을 위해 아등바등 살 생각은 없다.

호철의 주변 지인들은 주거 문제 때문에 다들 힘들어한다. "집값이 왜 이렇게 비싸지?", "별로 좋지도 않은데 비싸네?", 일상적으로 듣는 이야기다. 하지만 그런 고민들이 사회적 차원으로 나아가지는 못하는 것 같다. 그냥 "집이 비싸서 힘들다" 또는 "서울이라서 비싼가 보다", 이 정도 수준에서 끝난다. '나의 일'일 뿐이지 국가가 나서서 이걸 해결해야 한다는 인식이 부족하다. 집값은 그냥 자본주의 시장경제에 따라 정해진 것일 뿐이라는 인식이 주변에서는 강해 보인다. 호철 본인도 평소에는 별생각 안 하지만, 상황을 보고 있자면 정책적인 접근이 꼭 필요하다고 느낀다. 호철이 다니는 학교만 해도 기숙사와 자취방이 다른 학교에 비해 정말 비싼 데다가, 공간 자체도 많이 부족하다. 그래서 지방에서 올라오는 학생들은 피해를 많이 본다. 이런 부분이 해결되어야 할 것 같기는 한데, 많은 사람들의 이권이 얽혀 있는 복잡한 문제인 만큼 국가가 나서줘야 하는 것 아닌가 싶다.

WHAT3:
청년이 가족을
거부하는 이유

더 이상 대한민국에서 결혼은 '해피 엔딩'이 아니다. 서로 사랑하는 커플로도 결혼을 하기로 마음먹은 순간부터 진정 겪은 현실과 마주해야 한다. 막대한 결혼 비용부터 집값까지 돈 문제로 하루 종일 머리를 써매야 한다. 임신과 출산 때문에 잘 다니던 직장을 그만둬야 할 수도 있고, 애 하나 키우기 위해 다시 직장을 알아봐야 할 수도 있다. 그리고 다시 직장을 다니는 동안 아이를 돌봐기 위해 베이비 시터나 어린이집에 돈을 쏟아부어야 한다. 드라마나 영화에서 해피 엔딩을 보여주지 않았다면, 아마 아무도 한주에서 결혼은 걸은 건 하지 않았을지 모른다.

헬조선에서 결혼이란?

"저는 결혼을 준비하면서, 왜 결혼을 안 하는지 알게 됐어요. 뼈저리게! 결혼 안 한다. 그게 공감이 됐어요. … 결혼도 선택이기 때문에, 저는 그냥 결혼하기로 감수를 하고 그걸 선택한 거지, 결혼을 안 하기로 선택하는 게 잘못은 아닌 것 같아요. 결혼이 인생 필수 조건도 아니고 … 너무 많은 돈이 들어요. 진짜 허공에 뿌려지는 돈이거든요. 저는 진짜 운이 좋아서 안정된 직장이라 신협 같은 데서 신용 대출이 가능하고 그래서 결혼이 가능하고. 어느 정도 소득 안정이 있어서 결혼을 결정한 거지, 제가 일반 사기업 다녔으면 결혼 안했을 거예요. 저희 언니만 해도 자기는 연애만 하지 결혼은 안 하겠다고 하거든요. 결혼했다가는 둘 다 인생 망한다. 그래서 연애를 5

년째 하고 있는데 결혼은 안 하겠다고 하거든요."

결혼을 준비 중인 간호사 화영

  결혼은 오랫동안 인생의 필수 과정 중 하나로 인식되었다.
그러나 요즘의 청년들에게 결혼은 더 이상 필수가 아니다. 물론
여전히 많은 청년들이 결혼을 염두에 두고 있다. 2018년 통계청
자료에 따르면 여전히 이삼십 대의 35%는 결혼을 '하는 것이
좋다'고 답했다. 그러나 그보다 많은 52%가 '해도 좋고 하지
않아도 좋다'고 답했다. 특히 '반드시 해야 한다'는 답은 6%로,
같은 질문에 대한 전 세대 응답 비율 12.5%의 절반 정도에
불과했다. 청년 세대에게 결혼이 '필수'는 아니라는 것이다.
이러한 현상은 결혼 비용에서 기인한다. 비용이 많이 드니까
결혼하지 말자는 단순한 결론이 아니라 결혼이 인생에서 그
비용만큼의 가치가 있는지에 대해서 고민한다는 의미이다.
  결혼을 준비 중인 간호사 화영의 경험을 통해 청년들의 결혼에
대한 부담이 어느 정도인지를 알아보자. 화영의 말에 따르면
강남의 이름 있는 예식장을 빌리려면 두 시간에 300~400만
원이 들어간다. 그리고 스튜디오, 드레스, 메이크업, 일명
'스드메'라고 불리는 결혼식 3대 요소에 300~400만 원이 더
들어간다. 거기에 한복을 빌리려면 또 1인당 25만 원, 부케가
기본 20만 원에서 비싸면 40만 원이다. 청첩장 비용에 피로연
밥값, 신혼여행비까지, 어찌 보면 평생 모은 돈을 몽땅 결혼식에

쏟아붓는 꼴이다.

상황이 이렇다 보니 예전처럼 정통적인 결혼식을 피해 소규모로 간소하게 치르는 경우도 많다. 이러한 상황에서 인맥 관리, 축의금 문제 때문에 부모와의 갈등이 일어나는 경우가 많다. '충분히' 준비가 되지 않았을 경우, 결혼할 만한 사람이 있더라도 결혼을 미루는 경우도 생긴다.

"소방관 월급이 많다고들 하지만 노동시간이랑 강도에 비해서 부족한 거 같고, 뉴스에 많이 받는다고 나오는 건 호봉이 그만큼 쌓인 경우예요. 저 같은 경우는 아직 1호봉이라 많이 못 받죠. … 월급으로 보금자리를 마련하고 자식 키우고 하기에는 부족하죠. 호봉이 올라가도 그거론 부족해요. 공무원들 물어보면 다 비슷할 텐데. 월급을 한 번에 받는 게 아니라 나눠서 받아요. 월급 250만 원을 1일, 10일, 20일에 나눠서 받아요. … 3년 연애한 여자친구가 있어요. 간호사인데, 결혼을 하고 싶긴 한데 지금 타이밍을 못 잡아서 갈등 중이에요. 맞벌이를 계속하면 어느 정도 안정적이기는 할 텐데, 둘 다 직업이 직업이다 보니 한 명은 내근직으로 가야죠. 육아에 전념할 수 있게요."

소방관 경환

경환의 사례처럼 서로 결혼할 생각이 있어도 여러 가지 사정으로 인해 미루는 경우도 많다. 경환의 경우 맞벌이라 어느 정도 안정적인 수입이 나오기는 하지만, 두 사람 다 직업 특성상 시간이 부족해서 육아 문제를 놓고 고민하고 있다.

최근 청년들의 결혼에 대한 생각은 '하려면 철저히 계획해서 해야 한다'는 것이다. 예전처럼 나이가 차면 학교 가듯이 하는 결혼은 없다. 결혼식 비용, 주거 문제, 출산 계획, 육아 비용 등을 폭넓게 고려하고 따져봤을 때 사정상 여의치 않을 경우 결혼을 포기하기도 한다.

"애 많이 낳으라는데, 정책이 기반이 되어 있지 않잖아요? 아이를 낳으면 그에 대한 책임이 있고. 2억, 3억 더 들어가는데. 그걸 감당할 여지가 없어요. 결혼을 못할 수밖에 없고. 여자 친구가 있지만, 결혼은 부정적이에요. 내 아이가 나보다 교육을 못 받으면 슬플 것 같더라고요. 경제적으로 그걸 뒷받침할 재력이 되지 못한다는 생각이 들어서."

지방대에 재학 중인 병진

계획 없이 그저 의무감에서 하는 결혼과 출산에 대해 청년들이 부정적인 이유는, 그로 인한 문제가 단지 자신뿐만 아니라 자식 세대에게까지 이어질 수 있다는 우려 때문이기도 하다. 병진은 아이를 낳을 생각이 없는 이유를 묻는 질문에 '내 아이가 나보다 교육을 못 받으면 슬플 것 같아서'라고 답했다. 아이를 잘 키워낼 경제적 능력이 없다면 내 아이 역시 '헬조선'의 피해자로 살 수밖에 없음을 청년들은 알고 있다. 한국 사회는 단순히 '아이 낳기 힘든 사회'를 넘어서, '내 아이를 키우고 싶지 않은 사회'로 인식되는 지경에 이르렀다.

출산 파업과 아이 키우기 좋은 나라

출산 파업. 먹고살기가 너무 힘들어서 애를 낳지 않는다. 헬조선에 대한 저항으로 청년 세대가 인구 재생산을 멈추었다는 뜻이다. 'N포 세대'라는 말의 시작이었던 '3포'는 연애·결혼·출산 포기를 말한다. 하늘을 봐야 별을 따는데, 결혼은커녕 연애조차 포기하고 있는 실정이다.

　비극적인 상황이지만 그럼에도 불구하고 아이를 낳고 가정을 꾸리고 살아가는 청년들이 있다. 정부가 그렇게 강조하는 '저출산' 위기 시대에 그들은 애국자 칭호를 받아 마땅하다. 그런데 이 애국자들에게 국가는 얼마나 많은 보상을 해주고 있는가?

"생각보다 출산 후에 아기한테 필요한 용품들이 너무 많은 거예요. 용품을 사는 비용도 만만치가 않아서 경제적인 부담이 제일 컸죠.

인터넷에 보면 출산 용품 리스트라고 출산 준비에 필요한 것들이 정리된 리스트가 있어요. 근데 그거대로 사려면 200~300만 원씩 들더라고요. 아기 요리, 베개, 분유, 기저귀 뭐 이런 자잘한 것들. 젖병 소독기라든가 이런 거?"

21살 부모 수현

"가장 많은 비용을 차지하는 거는 교육인 것 같아요. 아기를 키우면 학습지 같은 걸 시키게 되잖아요. 그래서 저도 아기한테 국어랑 수학이랑 학습지 시켜주고 있는데 그것도 한 달에 20만 원 정도 들더라고요. 그리고 아기 옷, 먹을거리, 간식거리, 장난감이나 책도 사줘야 되니까. 그리고 주말마다 애기랑 키즈 카페 가거나 놀이동산 가거나 하면 버는 것의 상당 부분을 아기한테 쓰게 돼요. 진짜 많이 들어요. 300만 원 번다고 하면 100만 원은 아기한테 드는 것 같고. … 주말에 아기 데리고 나가면 거의 10만 원 가까이 쓰게 되니까. 애기 먹거리도 어른들이 먹는 거 안 먹이고 다른 거 먹이잖아요. 매운 거 먹일 수 없으니까. 그래서 따로 식단을 짜주는데 식재료 구입하는 돈도 되게 많이 들고. 진짜 많이 드는 것 같아요."

25살 부모 나은

육아를 체험한 부모들은 하나같이 입을 모아 '돈 걱정'이 가장 크다고 말한다. 게다가 육아 자체가 고된 노동이다. 갓난아기가 새벽에 울면 부모도 같이 일어나 울음을 그칠 때까지 기다리다가 결국엔 같이 운다고 한다. 육아 자체가 그렇게 힘든 일인데, 나라가 아이를 낳으라고 권유하는 상황에서 적어도 돈 걱정은 없어야 하지 않을까? 물론 정부의 지원이 없진 않다. 그러나 부족하다.

"임신했을 때 30~50만 원 정도 카드에 돈이 들어와요. 그 카드 가지고 쓰는데 금방 다 써요. 산부인과는 좀 비싸가지고 금방 쓰더라고요. 정기 검진도 자주 받으니까. 그리고 아기 기형아 검사 같은 것도 한 번 하면 돈이 꽤 나오니까요. 거의 7~8개월 되니까 다 썼던 것 같아요."

21살 부모 지현

"고운맘카드라고 임산부한테 산부인과에서 사용할 수 있는 카드를 주는데 거기에 50만 원 정도 들어 있어요. 산부인과에서 진료받을 때 쓸 수 있는 건데 그거 덕분에 아이 출산하기 전에 진료비라든가 이런 거는 그 카드를 사용해서 혜택을 보고, 보건소 가면 임산부가 복용해야 하는 철분제가 있잖아요? 그거를 무료로 줘서 혜택받고, 그리고 막달쯤이었나 보건소를 한 번 더 가니까 애기 딸랑이나 그런 장난감을 주기도 했었어요. 의외로 찾아보면 그런 혜택이 많아요. … 근데 발급받고 아기 출산하기 전에 바닥이 난 거예요. 그래서 분만 비용을 고운맘카드로 지급할 수도 있다는데 제가 그런 혜택은 못받았거든요. 이미 여러 진료를 받다 보니까 50만 원이 훅 사라져가지고. 임신 초기에 카드를 발급 받았다던 엄마들 얘기 들어보니까 이런저런 기형아 검사라든가 태동 검사, 이런 게 되게 많아요. 검사 받으라는 거 받다 보니까 임신 4~5개월쯤 되면 지원금이 축나는 경우가 많다더라고요. 정부한테 지원받는 건 좋지만 산모가 병원비로 느끼는 부담감은 어쩔 수 없다는 게 좀 아쉽기도 하고."

25살 부모 영주

의외로 출산과 관련한 정책은 많다. 지역별로 출산 장려금 규모과 혜택이 다른데, 잘 찾아보면 다양한 혜택을 받을 수 있다. 하지만 문제는 정부의 지원책보다 아이 하나 키우는 데 드는 돈이 훨씬 많다는 것이다. 그렇다 보니 부모들은 밑 빠진 독에 물 붓는 심정을 지울 수 없다.

"(도움이 됐던 출산 지원 정책은?) 없는 것 같아요. 실질적으로 도움이 됐다고 느낄 수 있도록 바뀌어야 한다고 생각해요. 맨날 애만 낳아라 하지 말고. … 애를 처음 키워보는데, 어디서 정보를 주는 곳도 없어요. 그래서 맘 카페 같은 곳에 들어가서 알게 돼요."

23살 부모 나은

많은 경우 부모가 되어 처음으로 아이를 키워본다. 어떻게 키워야 할지 모르는 것이 당연하다. 나이 든 부모들한테 맡기면 되지 않냐고 반문할 수 있지만, 현실은 쉽지 않다. 육아도 노동인데 제아무리 손주라도 아무런 대가 없이 돌보기는 어렵다. 게다가 육아도 시대에 따라 그 방식이 변한다. 전문가가 아닌 이상, 부모의 부모에게 아이를 맡긴다고 하더라도 서로 갈등과 충돌을 피하기는 어렵다. 그래서 요즘 많은 청년 부모들이 실제 육아에 대해서 도움을 받는 곳은 '맘 카페'다.

"인터넷에 엄마들 많이 가입되어 있는 육아 맘 컴티에서 고민도 털어놓고 궁금한 거 있으면 물어보고 조언도 구하고. 그리고 육아할 때 너무 힘들고 그러면 글을 쓰게 되잖아요. 그럼 댓글로 위로도 받고 저도 그런 글 있으면 위로하고. 지금도 컴티는 계속하게 되는 것 같아요. 이게 5년이 돼도 육아에 대해서 모르는 부분이 있어요. 그래서 계속하게 되는 것 같아요. … 중고 거래도 거기서 할 수 있고, 요즘에는 아기한테 필요한 영양제나 장난감 이런 거 있잖아요. 공동 구매를 하면 약간 싸지는 게 있으니까 엄마들끼리 10명 모으면 얼마고, 20명 모으면 얼마고 하면서 모아가지고 많이 해요. 초음파 검사 하면 어플을 통해서 볼 수 있어요. 거의 모든 산부인과와 연계되어 있더라고요. 그래서 거기에 가입하면 병원에서 찍었던 초음파를 어플 동영상으로 볼 수 있는 거예요. 또 거기에 연계되어 있는 컴티도 있어서 정보를 공유해요. 진짜 많은 엄마들이 있어서 저도 거기에 많이 의지를 했던 것 같아요."

21살 엄마 현지

육아에는 많은 돈이 필요하지만, 돈이 있다고 육아를 할 수
있는 것은 아니다. 육아에 실질적으로 도움을 줄 수 있도록 여러
측면에서 접근해야 한다. 그런데 사회적·제도적 도움이 부족하다
보니 청년 부모들은 스스로 '맘 카페'를 만들고 그곳에서 서로가
서로를 돕고 있다. 일종의 육아 협동조합이랄까. 어쩌면 국가에서
부담해야 할 역할을 '맘 카페'가 하고 있는 셈이다.

맞벌이를 하지 않으면 집을 구해 가정을 꾸릴 수 없는 시대다.
하지만 부모 중 누군가가 육아를 전담하지 않으면, 제대로
육아를 할 수 없는 것도 현실이다. 그렇다면 육아 부담을 국가가
전폭적으로 책임져야 한다. 이렇게 해줄 수 없다면, 저출산이
문제라고 애를 낳으라고 닦달할 자격도 없는 것이다. 인터뷰를
한 청년 부모들이 가장 공통적으로 도움을 필요로 한 부분은
어린이집이었다. 아이를 안정적으로 어린이집에 보낼 수 없다
보니, 직장 생활과 병행할 수 없고 결국 일상이 불안해지는
것이다.

애초에 지역에 따라 어린이집에 보내기조차 힘든 동네에
살거나, 보낸다고 하더라도 종일반으로 보낼 수 없는 조건일 경우
맞벌이 부모들은 매우 난처해진다. 휴직을 계속 할 수도, 직장을
그만둘 수도 없다. 아이를 맡길 곳이 필요하지만, 너무 부족하다.
그나마 경제적으로 여유가 있다면 베이비 시터를 고용할 수
있고, 일부는 국가의 긴급 보육 서비스를 이용할 수 있지만 역시
근본적인 해결과는 거리가 멀다. 어린이집 공급이 늘어나야 하고,

보육 교사들의 노동환경과 처우도 개선되어야 한다.

　육아에 대한 복지는 여타 복지와는 다르게 경제적
지원만으로는 한계가 있다. 육아 자체에 대한 세심하고 친절한
접근이 요구된다.

"우리가 세월호 사건을 겪었잖아요. 다시는 그런 사건들이 일어나지
않아서 예쁜 아이들을 잃지 않는 그런 사회가, 나라가 됐으면 좋겠
어요."

21살 부모 나연

"사회가 공평할 수 없잖아요. 태어난 출발점이 다르니까. 질문이 되
게 어려운 것 같아요. 아이가 상처받지 않고 부족하지 않게 키우고
싶어요. 그런데 사회가 좋아지기는 어렵다는 생각이 들어요."

23살 부모 지현

　인터뷰를 했던 부모들은 입을 모아, 한국 사회에서 아이를
키우는 것이 걱정된다고 말했다. 한국 사회는 자신의 아이를
보호하거나 책임져주지 못할 것이라는 불신과 불안감이 있는
것이다. 지난 세월호 참사를 통해, 우리 모두는 이러한 부모들의
근심에 공감할 수 있었다. 결국 저출산에 대한 기본적인 접근은
국가 자체의 정상화라는 측면에서 이루어져야 한다. 아이를
낳아서 키우면 그 아이가 행복해질 수 있는 나라가 되어야 한다.

지난 10년간 한국 사회는 국가 자체에 대한 신뢰를 너무나도 많이 잃었다. 이 나라에서 아이를 낳는다는 것이 죄를 짓는 일이라는 생각이 든다는 사람도 많았다. 정부가 무엇을 하든, 사회 구성원으로부터의 기본적인 신뢰 회복이 바탕이 되어야 한다.

'출산율 괴담'의 진실

지금 한국 사회에는 '출산율 괴담'이 떠돌고 있다. '한국의 출산율이 계속 낮아지면 시간이 흐를수록 노인 인구가 생산 가능 인구보다 많아질 것이다. 역 피라미드 구조가 형성되고, 그에 따라 젊은 세대의 부양 의무가 과중하게 늘어날 것이다. 가정과 국가의 경제가 파탄날 것이다'라는 주장이다. 정말 무시무시한 이야기가 아닐 수 없다. 정부는 앞장서서 출산율을 올리기 위해 여러 가지 정책과 캠페인을 다방면으로 진행하고 있다. 하지만 효과가 없다. 그 이유는 앞에서 충분히 다루었다.

　조금 더 본질적인 질문을 던져보자. 출산율이 낮은 것은 사실이다. 그런데 정말 그것이 그렇게 큰 문제일까? 출산율 저하로 생산 가능 인구가 줄어든다고 하지만, 전반적인 생활의 질이 상승하고 의료 기술이 발전하면서 평균수명은 점점

늘어나고 있다. '생산 가능 인구'의 기준도 사실상 달라지고
있다. 은퇴 연령은 60세에서 65세로 늘어났고, 가까운 미래에는
70대에도 마음만 먹으면 충분히 일할 수 있는 환경이 조성될
것으로 보인다. 현실적인 생산 가능 인구가 줄어드는 폭이
예상보다 크지 않을 수 있다는 것이다. 게다가 설사 생산 가능
인구가 줄어들어 부양받아야 할 사람들의 수가 더 늘어난다고
하더라도, 그게 정말 문제가 될지는 알 수 없다. 문제의 핵심은
부양의 책임을 누가 얼마나 감당하는가에 있기 때문이다.

  현재 한국에 통용되는 출산율 괴담은 '부양하는 청년 vs
부양받아야 하는 노인'의 관계를 설정하고, 청년 인구가 생산한
사회 전체의 생산량을 어떻게 노인들에게 분배할 것인가에
초점이 맞추어져 있다. 여기서 출산율 저하로 사회 전체의
생산량이 줄어들어 분배할 총량이 줄어드는 것을 문제 삼는다.
하지만 이는 완전히 잘못된 구도 설정과 문제의식이다.

  청년 세대가 그러한 부담을 질 필요가 없다. 노인 세대뿐만이
아니라, 사회 전체 구성원을 먹여 살려야 하는 건 국가의 몫이다.
국가는 세금으로 운영되며, 세금은 청년 세대만 내는 것이
아니다. 따라서 세금을 청년 세대에게 많이 걷을 것이 아니라,
사회적으로 많은 책임을 감당해야 할 기득권에게 더 많이 걷으면
된다. 그들이 내는 세금으로 노인 인구를 부양하고 고령화 시대를
준비하면 그만이다. 일하지 않고 불로소득으로 수많은 이익을
가져가는 소수 대기업 재벌들, 건물주들에게 많이 '증세'하면 쉽게

해결된다.

상징적인 예시가 있다. 2016년 최순실 게이트가 터지고 각종 조사가 이루어졌다. 그해 12월에 밝혀진 최순실의 은닉 재산 추정액은 10조 원이었는데, 정의당의 당시 보도자료에 의하면 그 돈으로 반값등록금 실현, 3년 무상급식, 연봉 3,000만 원 기준의 일자리 33만 개 창출이 가능하다고 한다. 이 정도 금액이면 노인 복지 또한 충분히 가능할 것이다. 최순실의 비리는 그 규모 면에서 특출난 사례겠지만, 이미 우리가 수많은 사례를 보아왔듯, 한국 기득권들의 부정부패로 새어 나가는 자금이 일반적으로 생각할 수 있는 범주를 넘어선다는 점은 분명하다.

저출산과 그로 인한 국가 생산력 저하는 청년 세대에게 출산을 강요할 이유가 될 수 없다. 사회에서 불평등한 분배 문제가 해결되지 않는다면, 출산이란 단지 또 한 명의 헬조선 노예를 탄생시키는 일에 지나지 않는다. 사회적 생산의 문제를 공정한 분배를 통해서가 아니라, 단지 착취당하는 사람들을 늘리는 방식으로 해결하려고 해선 안 된다. 역사적으로도 출산율이 제대로 통제되거나 예측된 적은 별로 없었다. 애를 많이 낳으면 너무 많아서 문제라고 했고, 저출산 시대에는 애를 많이 낳으라고 성화다. 결국 출산율로 통계 놀음을 하는 것은 현재의 상황에선 별 의미가 없는 'if 놀이'에 불과하다.

보론: 비혼주의, 결혼을 거부한다

'미혼未婚'이라는 표현은 언젠가 결혼을 해야 하지만 '아직未'
하지 않았다는 뜻이다. 이와 달리 '비혼非婚'은 결혼을 하지
'않겠다非'는 의지가 들어간 표현이다. 최근 한국 사회의 청년,
특히 여성들 사이에서는 비혼주의가 유행하고 있다. 〈대학내일〉
20대 연구소에서 2017년 조사한 자료에 따르면, 청년들의
비혼주의에 대한 이해도(타인이 비혼을 선택할 경우 존중해줄 수
있는지)가 72.9%가량으로 매우 높게 나타났고, 내 가족이 비혼을
선택할 경우 61.3%가 지지할 수 있다고 밝혔다. 또한 향후
본인이 비혼을 선택할 가능성에 대해서도 53.1%라는 제법 높은
수치가 나왔다. 특히 여성들의 경우 이해도와 선택 가능성 모두
남성들보다 더 높게 나타났다.

　비혼주의는 '돈이 너무 많이 드니 결혼을 안 하겠다'는 생각과는
조금 다르다. 이는 주로 전통 가족 문화에 내재된 가부장제와
비합리성에 대한 반발이다. 이는 최근 한국 사회에서 급성장한
페미니즘의 영향이 크다. 이삼십 대 여성들은 더 이상 낡은
가부장제에 순응해야 하는 기존의 가족 체제에 편입될 생각이
없다. 나의 돈, 시간, 젊음을 희생하면서 가족을 부양해야 하는
낡은 아버지상과 어머니상은 이제 청년들에게 어필할 수 없다.

　이런 관점에서 보면 단순히 눈에 보이는 결혼 비율이나

출산율에 집중한 가족 정책은 큰 효과를 보기 힘들다. 단순히 경제적인 지원에 초점을 둔 결혼·육아 지원 정책은 가부장제와 직장 내 성차별의 이중고를 겪는 여성들을 움직일 수 없다. 오히려 지금 청년 세대에게 필요한 것은 새로운 형태의 공동체 정신이다. 가부장제를 포함한 기존의 권위적·억압적 공동체 주의가 아니라 청년들의 삶에 와닿을 수 있는 공동체주의, 청년들이 공감할 수 있는 새로운 모습의 공동체에 대한 고민이 필요하다.

결혼 제도에 대한 사회적 거부감은 비단 우리나라만의 일이 아니다. OECD 자료에 따르면 대다수 유럽 국가와 미국에서는, 흔히 '정상 가족'이라고 부르는 혼인신고를 한 이성애 커플의 자녀 비율이 채 60%에 미치지 못한다. 한국 사회도 점차 비슷한 추세에 접어들 것으로 보인다. 이제는 법적 혼인 관계를 넘어서는 새로운 형태의 사회 지원 정책을 고민해야 한다. 결혼이라는 전통적이고 무거운 제도를 벗어나면 훨씬 더 자유롭고 덜 권위적인 공동체를 이룰 수 있다. 동성혼까지 포괄할 수 있는 파트너 법의 제정 역시 가능하다. 아니, 굳이 연인이라는 형태에 매달릴 필요도 없다. 형제자매끼리, 친구나 동료끼리 한 가구를 이루는 방식의 가족 공동체도 충분히 생각해볼 수 있다. 이러한 공동체에도 결혼을 통해 형성된 기존 형태의 가족과 같은 권리를 부여한다면, 자연스럽게 기존의 가부장제와 정상 가족 이데올로기에서 벗어날 수 있는 길이 열린다.

청년 세대의 개인주의가 심화되고 철이 없어서 결혼을 안 하는 것이 아니다. 지금의 결혼 제도가 너무 낡아 변화하는 의식 수준을 따라오지 못하고 있다. 결혼 제도가 더 다양한 형태의 가족상을 포괄할 수 있는 형태로 변화하지 못한다면 기존의 결혼 형태에서 이탈하는 청년 세대 또한 점점 더 많아질 것이다. 가부장제 청산과 결혼 제도 자체에 대한 개선을 통해 새로운 제도를 상상해내야 한다.

청년비망록

NOTE 7.

수현은 워킹 홀리데이로 일본에 거주하던 시기에 남편을 만났다. 남편과 수현 모두 학생이었다. 수현에게 아이가 생겼을 때, 둘은 마냥 기뻐할 수가 없었다. 기쁜 마음이어야 하는데, 아무래도 둘 다 학생이다 보니 두려운 마음이 먼저였다.

누구나 마찬가지겠지만, 수현은 처음 엄마가 되었고 그래서 육아가 낯설고 어려웠다. 처음엔 육아를 아기가 쉬하면 기저귀 갈아주고 울면 젖병 물려주는 쉬운 일이라고 단순하게 생각했다. 하지만 아기는 쉬해서 기저귀를 갈아줘도 울고, 우유를 줘도 또 울었다. 우는 이유를 몰라서 아기가 울면 수현도 같이 울었다. 새벽에 울어서 잠이 깨면 한참을 안고 있어야 했다. 한 시간 방 안에서 안고 뱅글뱅글 돌면 잘 때도 있고, 그래도 안 자면 밖에 나가서 돌아줘야 잠이 들었다.

하지만 무엇보다도 가장 큰 어려움은 경제적인 것이었다. 수현이 생각했던 것보다 출산 준비와 산후에 필요한 용품이 많았다. 인터넷에 보면 '출산 용품 리스트'라는 것이 있는데, 전부 사려면 200~300만 원씩 든다. 아기 요, 베개, 분유, 기저귀, 젖병 소독기 등 자잘한 것들이 다 나온다. 수현은 최대한 필요한 것들만 추려서 구매했다. '중고나라'에서 쓴 용품을 되파는 엄마들에게 저렴하게 사서 100만 원도 안 들었다. 주변 친척들이 물려주는 것도 많이 받았다.

이후 아이가 크면서 가장 많이 든 비용은 교육비였다. 어린이집 비용부터, 학습지, 옷, 장난감, 간식거리, 책 등 들어가야 할 돈이

너무 많다. 주말마다 키즈 카페도 가야 하고 놀이동산에도 가려면
돈이 더 든다. 주말에 아기를 데리고 나가면 10만 원은 쓴다. 월
300만 원을 벌면 100만 원은 아기한테 쓴다. 아기들은 어른들과
다르게 식단을 짜는데, 아기용 식재료를 구입하는 돈도 장난이
아니다.

수현은 아기를 낳기 전에는 자신을 중심으로 인생을 살았지만,
아기가 생기고 나서는 조금 달라졌다. 모든 엄마들이 그렇겠지만,
삶에 책임감이 생기고 아기한테 자랑스러운 엄마가 되고 싶다는
마음에 뭐든지 열심히 하게 되었다. 10년 만에 학교를 졸업하기도
했다. 사실 임신·육아 휴학도 쓰고 창업 휴학도 썼는데 더 이상 쓸
수 있는 휴학이 없어 자퇴를 고민했었다. 하지만 나중에 아이에게
부끄러운 엄마가 되고 싶지 않은 마음이 들어, 어렵게 학교를 마쳤다.
일과 학업과 육아를 병행했다.

수현의 남편은 지금 일본에서 직장을 다니고 있고, 수현은 본인과
비슷한 처지의 엄마들을 대상으로 아동복 쇼핑몰을 하고 있다. 원래
수현은 전업주부를 하고 싶었지만, 하루 종일 아기만 보다 보니
우울증에 빠졌다. 이를 벗어나기 위해선 일이 필요했다. 그래서
쇼핑몰을 시작했는데, 일을 시작하면서 오히려 아이한테 더 잘할 수
있게 되었다.

수현은 〈슈퍼맨이 돌아왔다〉와 같은 TV 육아 프로그램을 볼 때
큰 박탈감을 느낀다. 모든 엄마 아빠들이 아이를 여행 보내주면서
여유롭게 키울 상황이 아니기 때문이다. 우리 아이한테는 저렇게 해줄

수 없다는 상황이 슬프다. 또 한편으로는 '맘충', '노키즈존'과 같은
혐오도 큰 두려움으로 다가온다. 아이를 데리고 외출하는 것을 어렵게
만들기 때문이다. 아이가 공공장소에서 떠들거나 뛰어놀면 다그치는
것이 맞지만, 커피를 마시고 밥을 먹는 시간까지 그러기에는 너무
힘이 부친다. 그럼에도 요즘 말이 워낙 많다 보니 애가 조금만 소리
지르거나 뛰어다녀도 바로 나가야만 할 것처럼 눈치를 보게 된다.

수현은 안전한 사회에서 아이를 키우고 싶다. 점점 더 아이들을
상대로 한 흉악 범죄가 늘어나는 것 같아 걱정이다. 범죄를 저지르는
사람도 문제지만, 솜방망이로 처벌하는 법이 문제라는 생각도
든다. 법 때문에 어쩔 수 없다지만, 그걸 지켜보는 부모들은 가슴이
철렁한다. 세월호 사건 이후로, 더더욱 아이를 키울 수 있는 좋은
사회가 되었으면 하고 소망한다. 예쁜 우리 아이들을 잃지 않는
나라에서 살고 싶다.

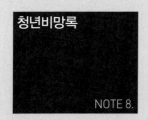

화영은 5년 차 간호사이다. 보직 특성상
당직 시간 중에 연락을 받으면 무조건
20분 안에 병원에 도착해야 했던 적이
있다. 병원에 침낭을 깔고 자는 일이
부기지수였다. 6개월 넘게 그런 생활을
했다. 생활 패턴 때문에 부모님이 계신 집에서 출퇴근하기는 어려웠고
오피스텔을 따로 구해야 했다. 6평짜리에 화장실도 없는데 전세에
4,500만 원이나 들었다. 보직을 옮기고 나서는 그나마 여유가 조금

생겨서 현재는 연희동 원룸에서 살고 있다. 원룸은 보증금 1,000만 원에 월세 50만 원이다. 보증금이 내려간 만큼 월세를 내야 해서 생활은 여전히 빡빡하다. 화영은 곧 결혼을 앞두고 있다. 신혼집은 경기도 고양·일산 쪽으로 자리 잡을 예정이다. 처음에는 영등포, 선유동, 아현동 등 서울 지역을 고려했지만, 다 너무 비싸서 포기해야 했다. 화영과 예비 배우자 모두 직장을 다니고 있음에도 비용의 장벽을 넘을 수 없었다. 어느 정도 인간적인 삶을 살면서 비용을 감당할 수 있는 곳이 서울에는 없다. 그래서 경기도로 눈을 돌렸지만, 알아보니 서울로 출퇴근이 그나마 수월한 곳은 보통 전세 2억 이상이었다.

화영은 집을 알아보면서, 사람들이 왜 그렇게 결혼을 안 하려고 하는지 알 것 같았다. 90%는 돈 문제다. 마치 허공에다가 돈을 뿌리는 기분이었다. 강남의 이름 있는 예식장을 빌리려면 두 시간에 400만 원, 웨딩 촬영-드레스-메이크업도 합해서 400만 원, 한복은 1인당 25만 원, 부케도 비싼 건 40만 원, 예물 비용에 청첩장 돌릴 때 드는 밥값, 신혼여행비 등등 평생 모은 돈을 결혼식에 다 쏟아부어야 했다. 그래도 자신은 운이 좋아 안정적인 직장을 다녀서 결혼을 할 수 있는 것이지, 만약 생활이 조금이라도 어려웠다면 결혼은 꿈도 꾸지 못했을 것이다. 실제로 화영의 언니는 결혼을 준비하다가 포기했다. 언니네 커플은 이대로 결혼을 진행하다간 '인생이 망할 것'이라고 서로 합의를 봤다고 한다.

결혼 이후도 걱정이다. 화영의 직업 특성상, 임신을 해도 출산휴가를 3개월밖에 쓰지 못한다. 법으로 1년이 보장되긴 하지만, 1년을 쉬면 부서를 옮겨야 하기 때문이다. 그래도 간호사 직업군에 여성이 많아 3개월이라도 쓰는 것이지 다른 사기업의 평범한 여사원이었다면 임신하는 순간 직장을 그만둬야 했을 것이다. 출산 이후에 병원에 복귀하기 위해서는 베이비 시터를 고용해야 하는데, 월 50만 원 정도 든다고 한다. 직장에 다시 복귀하기 위해 직장에서 받는 월급을 다 쏟아붓는 격이다.

화영과 예비 배우자는 정부의 신혼부부들을 위한 복지 정책에서 배제 대상이다. 신혼부부 임대주택이나 디딤돌 대출 지원 대상이 될 수 없다. 부부 합산 연 소득이 기준을 넘기 때문이다. 결코 경제적으로 여유로운 상황이 아님에도 자력으로 모든 생활을 꾸려나가야 한다. 국가 기준 저소득층을 제외한 서민층에게 주어진 복지 혜택은 턱없이 부족하다. 아예 잘살거나, 못살거나 둘 중 하나가 되어야 한다. 화영은 대한민국이 지나치게 극단적이라고 생각한다.

화영은 여유가 된다면 다시 서울로 주거 지역을 옮기고 싶다. 서울과 경기도의 인프라 차이를 무시할 수 없기 때문이다. 아이가 생기면 입시 때문에라도 어떻게든 다시 서울로 들어가려 한다. 결국 다 돈 문제다. 빚을 져야 한다. 집값이 오르면 그만큼 더 대출을 해야 하고, 그만큼 더 오랜 시간 동안 빚을 갚으며 살아야 하고, 그만큼 더 일을 해야 한다.

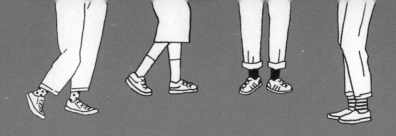

HOW1:
국가의 역할

청년이 없는 나라는 미래가 없다. 그래서 청년 세대를 위한 정책이 필요하다. 이러한 주장에 반대하는 사람은 찾기 어렵다. 하지만 청년들은 국가나 정부에서 마련한 청년 정책에 쉽게 공감하지 못한다. 내용과 방향이 잘못되었기 때문이다. 그래서 청년들을 위해 쓰이는 예산이 방대해도 효과는 미약하다.

청년 정책은 크게 두 가지를 고려해야 한다. 첫째 예산을 어디서 마련할 것인지. 둘째 예산을 어떻게 사용할 것인지. 이 문제들에 대한 답은 간단하다. 앞에서 지적한 것처럼 청년 문제에 책임이 있는 자들에게 비용을 부담시키고, 청년뿐 아니라 계급과 젠더는 조금 더 본질적인 영역을 향해 그리고 미래를 위해 예산을 사용해야 한다.

보편적 청년 복지에 대한 제언

"학교 잡카페는 저를 어떻게 해서든 취업을 시키려고 굉장히 나름 노력하는데, 취업 성공 패키지는 사실 상담할 때만 나를 위하는 척 하고 신경을 안 써주는 것 같더라고요. 알선받은 곳이 두 곳밖에 없 고 나머지는 다 제가 찾아봤거든요. 뭐 그렇게 도움되는 거 같진 않 았어요. "

공시생 경식

"학교에서 하는 거는 일단 돈이 안 들었고 유용한 정보를 메일로 주 기도 했어요. 졸업생들에 대한 사후 관리를 해주더라고요. 청년 취 업 성공 패키지는 그닥 도움이 되진 않았어요. 상담 가면 별로 하는 게 없더라고요. 그냥 어떤 식으로 자소서 써라, 그런 게 다였어요. 처음에는 지원하면 돈 준다고 해서 했는데 완전 취업을 보장해주는 느낌은 아니더라고요. 한 20만 원 주더라고요."

예비 대학원생 하준

"저희 과는 취업 프로그램을 잘 이용 안 해요. 내용이 다 일반 기업 쪽으로만 있고 또 표준화되어 있어서, 개인의 특성을 살리기가 힘들죠."

CPA 시험을 준비하고 있는 현민

청년 실업이 워낙 큰 문제이다 보니 정부에서도 마냥 손 놓고 바라만 보고 있지는 않다. 말로만 청년 실업을 해결해야 한다고 떠드는 것은 아니다. 오히려 막대한 예산을 투자해서 청년들의 취업을 돕기 위해 여러 정책을 시행하고 있다. 정부는 지난 10년간 무려 21차례 청년 실업 대책을 내놨고, 최근 5년간 10조 원이 넘는 예산을 쏟아부었다. 문재인 정부는 2018년 한 해 3조 원을 청년 일자리 정책에 배정했다.[13]

하지만 청년들은 이러한 복지 정책을 실생활에서 체감하지 못하고 있다. 오히려 대표적인 청년 일자리 정책이라는 '취업 성공 패키지'에 대해서는 불만투성이다. 취업 성공 패키지는 흔히 줄임말로 '취성패'라고 불리며, 구직 청년들을 대상으로 취업에 대한 상담과 교육, 일자리 알선을 진행하는 프로그램이다.

상담과 교육, 훈련, 알선 등 각 코스를 완료할 때마다 소정의 금액을 지원해주기도 한다. 취업에 성공하고 일하던 직장을 그만두지 않는 경우, 최대 150만 원 정도의 현금을 수령할 수도 있다. 하지만 문제는 돈이 아니다. 취성패에서 진행되는 '내용 자체가 별로'라는 것이 핵심이다. 인터뷰에 응했던 청년들은 단 한 명도 예외 없이 취성패가 도움이 되지 않는다고 말했다. 자신을 취업시킬 생각이 없고, 상담의 질도 떨어지며, 천편일률적이고 단일한 경로의 취업을 제안한다는 것이 주된 내용이다.

　근본적으로 접근하자면 취성패는 일자리 문제의 원인이 무엇인지 제대로 파악하지 못하고 있다. 청년 실업은 청년들이 기업의 입맛에 맞는 자소서를 작성하지 못해서 생기는 문제도 아니고, 자신의 진로가 무엇인지에 대한 고민이 부족해서 생기는 것도 아니다. 자신이 정한 진로에서 최선을 다해 스펙을 쌓고 자소서를 써서 지원해도 취업은 쉽지 않다. 진로 상담과 자소서 잘 쓰는 법을 가르쳐주면 청년 실업이 해결될 것이라고 믿는 것은 지나치게 순진한 생각이다. 이럴 바엔 차라리 시간 낭비라도 하지 않게 조건 없이 현금을 지원해주는 편이 더 낫다.

"우리나라 창업 지원은 많이 변해야 하는 것 같아요. 정말 돈 쓰기가 너무 힘들어요. 당장 내일 팀원들 밥 사줄 돈, 사무실 월세, 거래처 영업 갔을 때 커피 사줄 돈, 이런 게 정말 중요한데. 근데 정부에서 하는 거는 정말 항목이 많은데, 이런 거는 하나도 없어요. 무조

건 개발도 외주를 맡겨야 하고, 컴퓨터도 살 수 있는 게 정해져 있어
요. 내가 알아서 간편하게 쓸 수 있으면 좋겠는데. 아무래도 정부의
입장을 이해는 해요. 돈을 남용할 수도 있으니까. 그래도 조금 더
간편하게. 사업자에게 어떤 돈이 필요한 건지 알았으면 좋겠어요.
아니면 다 사비로 쓰니까요."

소셜 어플을 개발 중인 청년 사업가 훈석

그나마 창업 지원은 상황이 상대적으로 나은 편이다.
청년들에게 창업하라고 성화를 내는 만큼, 지원 프로그램도
다양하고 창업에 관심이 있는 청년들이 많이 이용하기도 한다.
창업에 가장 크게 부담되는 경제적인 부분에 정부가 적극적으로
도움을 준다.

하지만 여기에도 문제가 있다. 소규모 기업을 운영하는
청년들이 실제로 가장 고민하는 항목에는 돈이 지원되지 않는다.
사소하다고 느껴지는 커피값, 밥값 등이 그것이다. 국민의 세금을
재원으로 정부에서 지원하는 사업이니만큼 투명하게 운영되어야
한다는 점에는 누구도 반대할 수 없다. 하지만 문제는 지원금을
사용할 수 있는 명목이 지나치게 한정되어 있거나, 사용하기 전에
지출 예상 항목을 제출하고 또 사용하고 나서도 영수증을 일일이
제출해야 하는 등 절차가 너무 복잡하다는 것이다. 그러다 보니
실질적으로 창업을 진행하고 있는 입장에선 실무만 늘어나고,
항목 이외의 영역은 사비로 직접 감당해야 한다. 심지어

지원금으로 인건비를 충당할 수 없는 경우도 많다. 당장 수익이 없다면 지원금으로 수익 구조를 마련해서 인건비를 충당하라는 말인데, 결국 상당 기간 누군가는 무임금으로 노동을 하게 될 수밖에 없다.

서울시 청년 정책의 핵심적인 내용이라고 할 수 있는 청년 수당도 문제가 있기는 매한가지다. 서울시 청년 수당은 청년층의 큰 비율을 차지하고 있는 대학생이 지원받을 수 없다. 또한 주 30시간 이상 알바를 해서 소득이 있으면 지원받을 수 없다. 즉 당장 생계가 곤란해서 일을 하고 있는 청년들은 지원 대상이 아니다.

주거 정책도 마찬가지다. 대표적인 청년 주거 지원 정책 하나가 LH 전세 임대주택이다. 청년들이 여타 조건에 부합하는 동시에 집주인이 LH 임대에 동의하면 전세금을 빌려주는 것을 내용으로 한다. 그러나 문제는 조건에 부합하는 청년과 집이 있더라도, 대다수의 집주인들이 LH 전세 임대주택을 이용하고 싶어 하지 않는다는 점이다. 번거로운 절차에 부동산 내역을 투명하게 국가에 제공해야 하는 시스템이 마음에 들지 않기 때문이다. 결국 집주인들이 동의하지 않으면 LH 전세 임대주택 대상자로 선정되어도 쓸모가 없다. 특히 서울 같은 경우 부동산에 대한 수요가 과포화 상태라 LH 전세 임대주택으로 집을 구하는 것은 낙타가 바늘구멍 들어가는 것마냥 어렵다.

등록금 때문에 고통받는 대학생들을 위한 국가장학금도 전액 지원을 받기는 어렵기 때문에, 많은 대학생들이 학자금 대출을 이용한다. 하지만 이 또한 돈을 그냥 지원해주는 것이 아니라, 빌려주는 것이다. 이자가 타 은행들에 비해 낮고, 조금 늦게 갚아도 되는 것일 뿐 어차피 갚아야 하는 '빚'이다.

"LH 전세 임대주택 대학생 지원에 선정돼서 집을 구하러 다닌 적이 있어요. 저는 경기도가 본가라 서울에서 살 집을 구했는데, 하루 종일 돌아다녀도 계약해주겠다는 집이 없는 거예요. 아침부터 저녁 7시까지 부동산을 일곱 군데, 집을 열 군데 봤는데. 해주겠다는 집들은 정말 서울에 아직도 이런 동네가 있었나 싶을 정도로 살기가 어려운 집들뿐이고."

대학생 서현

　이렇듯 청년 정책은 분야와 영역별로 점점 더 다양하게 늘어나고 있지만, 하나같이 무언가가 부족한 느낌을 지울 수 없다. 청년들이 그 정책으로 실질적인 도움을 받기 어렵거나, 도움을 받기 위해 부가적인 노동이 필요하기 때문이다. 청년들을 위한 복지 정책 중 '아무 조건 없이 공짜로 주는 돈'은 없다. 청년 정책을 통해 청년들이 배우는 것은 '세상에 공짜는 없다'는 식상한 깨달음뿐이다.
　이러한 문제의 중심에는 청년들을 대상으로 한 무조건적이고 보편적인 지원은 안 된다는 생각이 있다. 하지만 현재 청년들이 겪고 있는 어려움을 본질적으로 해소하기 위해선 보편적 복지는 반드시 필요하다. 선별적 복지는 그 자체로 한계가 있다. 복지의 대상을 선별하는 기준을 경제적 수준으로 할 것인지, 희망 진로로 할 것인지, 아니면 '눈물 나는 사연'으로 할 것인지를 정해서 모든 청년을 일일이 분류해야 한다. 기준 아래에서든 위에서든 불만이 터져 나올 수밖에 없다. 부차적인 문제지만 기준선을 이용한 제도의 악용 역시 더 빈번할 것이다.

하지만 무엇보다도 이것저것 조건을 요구하는 정책의 문제점은 청년들 사이에 존재하는 기회의 불균형을 무시하는 불공정한 처사라는 것에 있다. 애초에 지원받기 위한 자격을 갖추기 위한 다양한 요구 조건들을 충족할 기회가 없는 청년들은 이러한 지원 기회에서도 밀려날 수밖에 없다.

"공부를 할 수도 없고 일을 할 수도 없고, 진퇴양난이죠. 이게 답답해요. 차라리 돈이라도 많았으면… 1년 딱 잡고 7급 공부를 하든 9급 공부를 하든 안정적인 데 가서 내 인생 꾸리고 싶은데 그게 안 되고. … 집이 진짜 너무 못살아서… 요즘은 졸업하고 돈 벌어서 그나마 사람 행색하고 다니지만, 예전에 집에서 배고파서 냉장고를 보니 김치만 있고, 쌀도 계란도 없어서 동전 다 긁어서 600원 모아 슈퍼에 갔는데 라면이 650원인 거예요. 그래서 그냥 온 적이 있어요. 그래서 요즘 계속 돈 돈 돈 하는 거 같아요. 버스비 없어서 집에 걸어온 적도 있는데 엄마가 슬퍼할까 봐 말도 못하고. 집에 오니까 한 시야! 새벽 한 시!"

구립 독서실에서 일하고 있는 현서

현서처럼 무언가 하고 싶어도 제대로 기회가 없고 환경이
갖추어지지 않아서 시도조차 해보지 못하는 청년들도 있다.
현서는 그래서 조건 없는 청년 수당 정책을 지지한다. 조건 없는
청년 수당이야말로 모두에게 '생각할 시간과 정신적 여유를 주는
정책'이라고 말한다. 현서의 말대로 청년에게 필요한 것은 '넌
이거 하고 넌 저거 해라' 하는 어줍잖은 지도와 관리가 아니라
안정적인 물질적 기반에서 오는 일상의 여유일지도 모른다.

물론 '청년 세대가 보편적 복지의 대상이 될 수 있느냐'라는
의문이 들 수 있다. 복지에 대한 재정적 부담도 문제다. 그러나
청년 세대에 대한 복지는 미래를 위한 투자로, 재정적 부담이
어느 정도 있더라도 감수해야 할 비용으로 바라봐야 한다. 우리가
선진국이라고 부르는 유럽의 일부 국가에서 등록금이 매우
저렴하거나 무상인 이유 또한 대학생들을 미래 세대로 인식하기
때문이다. 청년 복지는 청년 세대를 돕기 위해서 필요한 것이
아니라, 우리가 살아갈 미래 사회를 위해 필요한 것이다. 이러한
비용이 아깝다면 우리 사회에 무슨 미래를 기대할 수 있을까?

청년을 위한 기본 소득,
지원을 넘어 미래를 고민하자

청년 수당은 현재 가장 활발하게 논의되며 주목받는 청년 정책이다. 청년 수당은 청년 세대에게 물질적 안정과 정신적 여유를 줄 수 있는, 필요하고 의미 있는 정책이다. 암울하고 희망이 보이지 않는 시대에 청년 수당은 그 자체로 높게 평가할 만하다. 하지만 과연 '청년 수당'이 '청년 문제'를 해결하는 본질적인 해법이 될 수 있을까?

좀 더 편리하게 접근하기 위해 청년 수당과 기본 소득을 비교해보자. 기본 소득이라는 제도 자체가 옳은지, 이 정책이 분배 문제의 근본적 해법이 될 수 있는지에 대한 논의는 잠시 제쳐두자. 지금 우리가 논의하고 싶은 것은, 청년 수당과 기본 소득 중에 무엇이 더 '청년 문제의 답'으로 적절하냐는 것이다.

기본 소득 정책은 청년 수당의 확장판이라고 할 만하다. 청년 수당과 기본 소득은 그 원리와 취지가 같기 때문이다. 다만 그 대상이 청년층인지 전체 국민인지의 차이다. 그래서 기본 소득에 동의하지 않는 사람들도 청년 수당에는 동의할 여지가 있다. 청년층이 요새 힘들다고 하니 복지의 대상이 될 수 있겠다는 정도의 심정일 것이다.

그러나 청년 문제는 외딴 섬이 아니다. 청년 문제는 단순히 청년에 대한 지원만으로 해결되지 않는다. 청년이라는 대상을 특정하여 그 대상에게만 제공되는 물질적인 시혜라는 한계가 명확하기 때문이다. 구조의 변화에 대한 고민 없이 단순하게 시혜적인 태도로만 문제를 해결하려는 시도는 언제나 미봉책이다. 청년 수당의 한계도 여기서 벗어날 수 없다. 물론 미봉책이라도 구조의 피해자들에 대한 증상 완화라는 측면에서 충분히 그 가치를 발견할 수 있다. 그러나 청년 문제에 있어서 이런 식의 태도는, 문제의 원인이 '근본 구조'에 있다는 것을 파악할 수 없기 때문에 조금 다른 양상이 나타난다. 단적으로 청년 수당은 의도치 않았더라도, 청년들이 경제적으로 빈곤한 이유를 감추어버리는 효과를 동반한다. 이는 질병의 병원을 해결하지 않은 채 진통제만 처방하는 격으로, 빈곤의 원인을 제거하는 방식이 아니기 때문이다.

청년 문제의 병원은 무엇일까. 청년들의 경제적 빈곤은 한국 사회의 불공정한 분배 문제와 맞닿아 있다. 다만 경제활동의 경험과 경력의 차이, 부동산 시장의 기형적 구조, 수직적이고 경직적인 사회·조직 문화로 인한 재산 축적의 차이로 인해, 청년들이 기성세대에 비해 더 빈곤한 처지에 놓인 것뿐이다. 이러한 잘못된 구조를 방치한 채, 청년 수당만 주장하는 것은 돌을 던져 한강을 메우려는 꼴이다. 차라리 기본 소득을 통해 전체 사회 분배의 문제로 접근하여 청년들의 경제적 빈곤을 해결하려는 방향이 더 낫다. 이는 적어도 불공정한 분배 문제를 건드리고 있다.

누군가는 기본 소득이 어떻게 청년 문제를 해결하는 방향성이 될 수 있는지 물으며, 청년이라는 특수성을 상실하는 순간 청년 의제는 사라진 것이라고 말할지 모른다. 하지만 청년 문제의 특수성은 '사회의 미래'와 직결된다는 점에 있다. 청년 세대는 미래 사회의 주역이며, 미래 사회는 현재 존재하는 수많은 병폐가 해결되는 것을 지향해야 한다. 노동 문제를 해결하기 위해 자본주의사회와 싸워야 하고, 여성해방을 위해 가부장제와 싸워야 한다면, 청년 문제의 해결을 위해선 낡은 시대와 싸워야 한다.

청년비망록

NOTE 9.

찬성은 다섯 살 때 부모에게 버림받았다. 남아 있는 가장 오래된 기억은 바닥에 똥을 싸서 혼난 것이다. 찬성에게는 뇌병변 장애가 있다. 뇌에 물이 차서 머리에 호스를 꽂았고, 그 때문에 엉덩이, 발바닥, 허벅지 뒷부분이 마비 상태라 걷지 못한다.

부모에게 버려진 이후 찬성은 성인이 될 때까지 '시설'에서 자랐다. 중학교 때부터는 물리치료도 받았지만, 너무 늦어서 재활이 되지 않았다. 게다가 찬성보다 더 심한 장애인들이 많다는 이유로 치료에서 '잘렸다'. 시설에서의 생활은 말 그대로 '거지' 같았다. 찬성은 지금 생각해보면 왜 그렇게 살았나 싶다. 신체적으로 자유롭지 못한 것보다 정신적·사회적으로 자유롭지 못한 것이 더 컸다. 아무것도 마음대로 할 수 없었고 모든 것을 시키는 대로 해야 했다. 한번은 핸드폰을 잃어버려서 담당자의 서랍을 연 적이 있었는데, 찬성에게 돌아온 건 도둑이라는 욕과 신고하겠다는 협박이었다. 시설에 들어오는 담당자들은, 들어오기 전에는 어땠을지 몰라도 들어온 후에는 모두 물들어서 폭력적이고 강압적으로 변해갔다. 찬성은 스물한 살이 되자마자 시설에서 나왔다.

지금은 나라에서 지원해주는 자립 생활 주택에서 생활하고 있다. 국가에서 받는 수급비가 49만 5천 원, 연금이 28만 6천 원, 장애인 수당이 3만 원이다. 그리고 몰래 일을 해서 월 40만 원 정도를 번다. 수입이 있으면 수급비를 받을 수 없어서 몰래 일하는 것이다. 이렇게

하지 않으면 생계 유지가 불가능하다. 이 때문에 찬성은 항상 숨어
사는 기분이다.

비슷한 일이 또 있다. 장애인들은 활동 보조 시간을 지원받는다.
혼자서 일상생활이 어려운 중증 장애인들에게 국가가 한 달에 몇
시간씩 활동 보조 서비스를 제공해주는 것이다. 찬성은 활동 보조
시간을 많이 지원받기 위해 연기를 했다. 전동 휠체어도 숨기고,
기저귀도 차고, 팔도 아예 못 움직이는 전신 마비인 것처럼 연기했다.
주변에서 그러라고 권유를 받았기 때문이다. 더 심한 장애를 받은
것처럼 연기를 하지 않으면 활동 보조 시간을 적게 받는다. 찬성에게
실제로 필요한 시간은 200시간 정도인데, 찬성과 비슷한 정도의
장애를 가진 다른 장애인은 연기하지 않아 40시간을 받았다. 그
정도로는 일상생활이 불가능하다. 이것뿐만 아니라 장애인 등급 심사
때도 연기를 했다. 장애인들에게 몇 등급을 받느냐는 생존이 걸린
문제다. 이런 사실들이 알려지게 되면, 본인뿐만 아니라 다른 많은
장애인들이 피해를 보고 지탄을 받을까 봐 두렵다.

찬성은 평범하게 단순 사무직으로 일하고 싶다. 어렸을 때는 작가를
꿈꾼 적도 있었다. 하고 싶은 것은 많은데 할 수 있는 것은 많지 않다.
일뿐만 아니라 모든 게 그렇다. 아이유를 좋아하는 찬성은 콘서트도
보러 가고 싶지만, 휠체어를 타고 다니면 맨 앞자리는 예약할 수가
없다. 장애인의 몸으로는 힘든 것이 너무 많다.

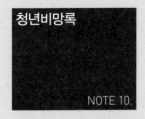

청년비망록

NOTE 10.

윤주에겐 초등학교 자녀가 둘 있다.
아이들끼리는 친구들과 차별 없이 잘
지낸다. 하지만 부모들이 학교에 오면
얘기는 달라진다. 윤주가 한국계 중국인,
그러니까 조선족이기 때문이다. 한국인
부모들은 조선족 아이와 놀지 말라고 자기 아이를 다그친다.

윤주는 한국으로 온 한국계 중국인이다. 그의 할머니는 한국전쟁을
피해 중국으로 갔고, 그 이후 가족들이 중국에 정착했다. 윤주는
한국이 좋아서 왔다. 조선족 학교를 나왔지만 어렸을 적 TV를 통해
한국을 접했으며, 한국 회사의 중국 공장에서 일하기도 했다. 이런
환경들이 한국에 대한 애정을 키우는 계기가 됐다. 하지만 지금
생각해보면 속았다고밖에 할 수 없다. 미디어에서 보는 한국인은 좋은
사람이 많지만, 실제의 한국인 중에는 나쁜 사람이 정말 많았다.

한국에 처음 왔을 땐 학원에서 중국어를 가르쳤다. 중국어 과외를
하다가 나중엔 회사에 들어가게 됐다. 구청 취업 소개 프로그램을
통해 취직을 했는데, 처음에 회사에서는 조선족이라는 것을 모르고
채용했다. 아마 윤주가 조선족이라는 것을 알았다면 채용하지 않았을
것이다. 회사 생활에서 차별은 일상이었다. 윤주는 일하는 동안
일부러 중국 사람들을 멀리했다. 심지어 가족, 친척들까지도 말이다.
어울려 다니면 더 큰 차별을 당할까 봐 두려웠기 때문이다.

윤주는 중국에서 소수민족 출신이지만 차별을 경험한 적이 없다.
하지만 한국은 전혀 달랐다. 윤주가 입만 열면 그가 '순수한' 한국인이

아니라는 것을 바로 알아채고는, 멀리하거나 속이거나 차별을 했다. 윤주 주변의 조선족들 모두에게 흔한 일이다. 똑같이 '노가다'를 해도 한국 사람이 20만 원 받을 때 조선족은 16만 원밖에 받지 못한다. 한국에서의 따뜻한 경험은 하나도 없다. 직장을 구하는 것부터 월급을 받는 것까지 모든 것이 다 차별이다. 조선족 출신이 직장을 구하기 위해선 '순수한' 한국인이 하지 않는 일을 찾아야 한다. 그럼에도 제 돈을 받지 못한다.

　윤주는 아직도 한국 사회와 문화를 이해하기 힘들다. 한국 사람들은 '메이드 인 차이나'는 싸구려라고 욕하면서 싼 것만 찾는다. 중국어 잘하는 사람을 구한다면서 중국인은 싫다고 받지 않는다. 조선족들을 노리고 등쳐먹는 사기꾼들도 많다. 가끔 윤주는 자신들의 자녀가 어른이 될 때쯤이면 그런 사람들이 다 죽고 없어졌으면 좋겠다고 생각한다. 그런 사람들이 죽지 않는 한, 윤주가 경험한 차별은 사라지지 않을 것이기 때문이다.

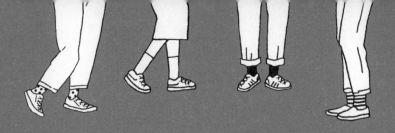

HOW2:

청년의 정치

청년 문제의 당사자는 청년들이다. 당연히 누구보다 문제를 해결하기 위해 앞장서서 나서야 한다. 청년들이 이를 모르는 것은 아니다. 누군가의 주장처럼 말로만 헬조선이라고 떠들면서 빈둥빈둥 놀기만 하는 것이 아니라는 말이다. 실제로 여러 곳에서 다양한 청년들이 여러 긍정적인 움직임을 보이고 있다. 하지만 그렇다고 해서 스페인의 〈포데모스〉, 대만의 〈시대역량〉 같은 성공적인 사례가 금세 도래할 것이라고 전망하진 어렵다. 청년들 내부에서 정치와 시대에 대한 담론이 제기되고 공유되는 것이 여전히 부족한 현실이기 때문이다.

문제 많은 세상에 대한 책임은 기성세대에게 묻더라도 답은 청년 세대가 찾아야 한다. 청년 정치가 공허한 단어를 넘어 실체 힘을 갖기 위해서는 청년 세대의 새로운 사회에 대한 고민과 책임이 막중하다.

정치에 무관심한 촛불 세대?

"(박근혜 탄핵 촛불 이후 한국 사회가 달라진 점이 있는지?) 분명히 달라진 부분이 있어요. 답답해서 집회에 나갔는데, 그게 실제로 정권을 위협하고 사회를 바꿀 수 있다고 생각해본 적은 없었거든요. 그런데 실제로 바뀌는 과정을 보면서 이 사회에 희망이 있구나! 나서서 하면 뭔가 되는구나! 이런 걸 알게 됐다고 생각해요."

촛불 집회에 참여했던 대학생 성주

"대한민국은 민주공화국이다. 대한민국의 모든 권력은 국민으로부터 나온다." 대한민국 헌법 제1조. 2008년 광우병 소고기 수입 및 한미 FTA 체결 반대 집회부터 2016년

박근혜·최순실 게이트 및 정권 퇴진 집회까지 줄기차게 불렸던 노래다. 그렇다. 우리는 촛불 세대다. 미디어는 한쪽에서 지금의 청년들을 'N포 세대'라며 비관적인 시선으로 바라보면서, 다른 한쪽으로는 '촛불 세대'라 부르며 주체성을 강조해왔다. 이 관점에 따르면 지금의 청년 세대는 먹고살기가 힘듦에도 불구하고 정치에 적극적으로 참여해 부패하고 무능력한 박근혜 정권을 끝장낸 능동적인 세대다. 하지만 청년 세대를 바라보는 또 다른 시선에는 '정치 혐오'에 매몰되어 투표조차 하지 않는 개인주의적 성향을 비판하는 것 또한 존재한다. 일반적으로 청년들을 '촛불 세대'라 부르는 측은 진보 언론, '정치 혐오'라고 비판하는 측은 386세대다. 이렇듯 청년 세대를 바라보는 복합적인 관점을 말 그대로 해석해보면 '정치에 무관심한 촛불 세대'라는 모순적인 평가로 귀결된다. 이러한 평가는 청년 세대에 대한 왜곡된 인식을 키울 수 있기 때문에, 청년 세대가 정말로 정치에 무관심하며 이기적인 마음으로 사회문제를 도외시하는지에 대한 명확한 탐구와 판단이 필요하다.

사실 연령대별 투표율을 보면, 20~30대의 투표율이 다른 세대에 비해 낮다. 지난 2017년 대선 때 20대와 30대의 투표율은 각각 76.1%와 74.2%로 80세 이상 연령대의 투표율을 제외한 전 연령대와 비교했을 때 가장 낮았다. 2018년 제7회 지방선거 때도 20대가 52%, 30대가 54.4%로 역시 80세 이상 연령대의 투표율을 제외한 전 연령대와 비교했을 때 가장 낮았다.[14]

"선거일에 청년들이 투표는 안 하고 놀러만 다녀서 대한민국의 미래가 걱정된다"는 흔한 어른들의 볼멘소리가 일면 타당해 보이기도 한다. 만약 어른들의 걱정이 사실이라면, 대한민국은 민주주의 국가로서 중대한 위기에 빠진 것이다. 투표조차 하지 않는 정치에 무관심한 청년들 때문에 정치인들은 유권자들의 시야 밖에서 위선적인 행동으로 자신들의 이익만 챙길 것이며, 심지어 유권자들에게 해가 되는 정책도 아랑곳하지 않을 것이다. 지금의 대한민국이라는 국가가 무능하고 부패한 헬조선이 된 이유와 그 책임은 투표 안 하는 청년들 탓이 된다. 이른바 '20대 개새끼론'이다.

하지만 이러한 접근법은 애초에 '팩트'조차 잘못됐다. OECD 국가들의 2030세대 투표율을 비교해보면, 우리나라 청년들의 투표율이 유독 낮다고 보기는 어렵다. 2010년대에는 흔히 선진국이라 부르는 나라 청년들의 저조한 투표율과 낮은 정치적 관심도가 이슈다. 독일과 일본의 20대 투표율은 50%에 불과했던 적도 있다. 선거철마다 SNS에서 괴담으로 떠도는 "프랑스 대학생들의 높은 투표율이 프랑스 대학 등록금을 무상으로 만들었다"는 이야기는 전혀 근거가 없는 이야기다. 일단 '20대'도 아니고 '대학생'들의 투표율만 집계하는 통계는 프랑스에 없으며, 프랑스 선거는 1차와 2차로 나누어서 투표하기 때문에 제도적·절차적 차이를 무시하고 단일하게 우리나라와 투표율을 비교하기엔 무리가 있다.[15] 만약 한국 정치가 개판이 된 이유가 20대 투표율에 있다면, 앞서 언급한 나라들 중에는 망한 곳도 있어야 한다. 따라서 투표율만 보면서 20대의 정치 혐오나 정치 무관심을 말하는 것은 잘못됐다. 여기에 더해 현 청년 세대는 2011년 반값등록금 운동, 2015년 한국사 교과서 국정화 반대 운동, 2016년 한일 '위안부' 합의 무효 운동 등 여타 여러 사안에서 앞장서서 능동적인 정치적 행동을 보인 적도 있었다.

그럼에도 불구하고, 청년 세대가 정치적 영향력이 다른 세대에 비해 낮다는 것은 부정하기 어렵다. 이는 청년 의제가 정치권에서 다루어지는 정도나 청년 정치인이라고 불리는 인사들의 정치적 영향력을 보면 쉽게 알 수 있다. 청년 세대는 정치적 사안에서 언제나 약자다. 지금의 청년 세대가 정치에서 소외되었기 때문이다.

정치에서 소외됐다는 것은 권력에서 배제되었다는 뜻이다. 세대별로 정치에 관심을 갖는 사람이 얼마나 되는가는 사실 별로 중요하지 않다. 집중해서 봐야 할 부분은 정치에 관심이 있을 때 얼마나 다양한 경로로 폭 넓게 참여할 수 있는지이다. 문제는 정치에 대한 관심 여부와 무관하게 현 청년 세대가 정치에 참여할 수 있는 폭 자체가 좁다는 것이다. 청년 세대의 의지와 무관하게 청년들은 이미 구조적으로 정치와 동떨어져 있다. 설사 청년 세대가 정치에 무관심하다고 주장하더라도, 그 원인이 이러한 정치 소외에 있다는 점을 부정하기 어려울 정도다.

문제는 정치에 대한 '무관심'이 아니라, '소외'다. 지금의 청년

세대는 정치적인 관심을 표출할 공간이 매우 부족하다. 크게 세
범주로 나눌 수 있는데, 일상적 공간, 정치적 사건 그리고 집단적
조직이 그것이다. 일상적 공간은 실생활 속 가족 혹은 친구들과의
대화 그리고 온라인 공간 등을 뜻한다. 정치적 사건은 대규모
집회나 선거 등을 지칭하고, 정치적 집단은 정당, 시민단체,
노동조합 등을 말한다.

　그런데 이 모든 공간에서 청년 세대는 자신이 직업적으로
정치에 뛰어드는 정도로 나서는 경우를 제외한다면, 일반적으로
참여할 수 있는 여력 자체가 부족하다. 극심한 취업난과
무한경쟁의 궤도에서 자신의 삶을 챙기기에도 급급한데,
일상에서 정치적 고민이 가능할 리 없다. 이렇게 되면 결국
특정 사안이 이슈가 되었을 때 촛불을 들고 집회에 참여하거나,
선거 때 투표하러 가는 것만 남는다. 정치 참여 경로가 협소하고
참여할 수 있는 여유가 보장되지 않는 구조의 문제가 선행한다는
말이다.

"정치에 관심 가지게 돈 좀 줬으면 좋겠어요. … 배고프다."

임용 고시를 준비하는 청년 다온

　하지만 무엇보다 청년 세대의 정치 소외를 만들어낸 가장
중요한 원인은 청년 정치조직의 부재다. '20대 개새끼론'을
말하는 주된 기성세대인 386세대는 자신들의 의견을 피력하고

대표할 수 있는 정치조직이 있었다. 전대협 등의 학생 조직도
있었고, 현재 대다수의 시민단체들도 그 세대의 정치사상을
공유하고 있는 집단들이다. 하지만 현재 청년들은 자신들을
대표하는 정치조직을 가지지 못하고 있다. 물론 이러한 결과에는
청년 세대의 책임도 있다. 386세대 이후의 청년들은 기성세대의
민주화 이데올로기를 답습하고, 그들이 이야기한 것 이상의
정치적 내용을 가지고 있지 못했다. 나이만 어릴 뿐 '386
이중대'였다. 게다가 386세대 특유의 수직적이고 군사적인 문화를
그대로 이어받아, 변화하는 청년 세대의 의식 지형을 포괄하지도
못했다. 배우지 말아야 할 구태를 세습한 것이다. 시대는 변하고
청년 세대는 그 어느 세대보다 변화에 민감한데, 정작 그들을
대표해야 할 청년 조직들이 낡았던 것이다.

　물론 이러한 내적 요인 말고도, 청년 정치조직에 대한 외부의
탄압도 큰 원인이다. 학생운동의 마지막 전성기를 맞았던
한총련은 국가보안법에 의해 이적 단체로 규정되어 정부의 집중
탄압을 받았다. 수많은 청년 활동가들이 감옥에 갔고, 그 이후
청년들의 정치조직은 '살아남는 것'을 목표로 해야 했다. 게다가
신자유주의 도입 이후, 대학 사회 자체가 붕괴되면서 청년들이
모일 수 있는 생활공간조차 사라졌다. 정치에 대해서 고민하고
배우고 논의하고 행동할 수 있는 최소한의 터전이 없어진 것이다.

　결국 지금 청년 세대가 가지고 있는 정치에 대한 소극성과
왜곡된 인식의 존재를 인정하더라도, 그 책임은 우리 사회가

모두 분담해야 할 문제다. 그리고 이를 극복하고 더 나아지기 위해 해결해야 할 첫 번째 과제는, 청년들을 대표할 수 있는 정치조직과 집단성의 회복이다. 이를 위해 최근 많은 청년들이 나서고 있다. 권력을 가진 기성세대의 역할은 이러한 청년들의 움직임을 더 자유롭게 보장하고 지원해주는 것이지, 20대를 '정치 혐오'라고 나무라서는 안 된다.

'청년 정치인'이라는 빛 좋은 개살구

이번엔 정치에 큰 관심을 가지고 직접 뛰어든 청년들의 이야기를 해보자. 그들은 보통 자신과 유사한 신념을 가진 사람들 또는 주변 지인들과의 관계를 통해 특정 정치집단이나 조직에 몸담게 된다. '청년 정치인'이라는 장밋빛 미래를 꿈꾸면서 자신의 손으로 무언가 변화를 이끌어내겠다는 야심과 함께 정치 행보를 시작한다. 보통 각 정당 산하의 청년위원회나 청년 단체들에서 활동을 시작한다. 하지만 길은 그리 밝지 않다. 왜냐하면 기성 정치집단에서 청년은 타자화된 대상일 뿐이기 때문이다. 청년은 설득되거나 동원되어야 할 대상이지 주체로 대접받지 못한다. 이들 단체에서 청년은 언제나 들러리에 불과하다. 자신들의 단체가 이 정도로 '젊다'고 보여줄 간판이자 선전 도구일 뿐이다.

"거기서 청년들이 하는 게 뭐가 있나요? 선거 때 춤추는 거?"
정당에서 활동했던 청년 병수

　평소에는 관심조차 없다가, 선거철만 되면 청년들의 의견을 들어야 한다며 청년들을 모아달라고, 청년들이 있는 곳으로 가겠다는 정치인들이 부지기수다. 오래전부터 선거 운동의 필수 코스였던 재래시장에, 청년들이 모인 세미나 룸, 강당이 새로운 필수 코스로 추가되었다. 기성 정치인들이 청년들을 대하는 태도는 자신의 정당에 속한 청년들에게도 똑같이 적용된다. 모두 청년이 미래라고 말하지만, 그 청년이 성장해서 미래가 된 적은 없다. 그들이 생각하는 청년 정치인은 정당의 이미지를 위해 활용되는 존재이지, 함께 권력을 나누고 정치를 분담할 존재가 아니다. 이는 기성정당에서 말하는 청년 정치인들이 어떤 경로로 정치에 진입했는지를 보면 더 정확히 알 수 있다. 청년 정치인이라고 부르는 사람들의 다수는 소속 정당 '밖에서' 스카웃되어 들어왔다. 사실상 정당 안에서 성장한 청년은 여태까지 없었다고 봐야 한다. 정당에 헌신하고 자신의 삶을 투자한 청년들은 오히려 후보 공천에서 배제되고는 하는데, 이는 그 정당이 청년들을 정치인으로 성장시킬 능력이 없다는 사실을 증명한다.

2016년 총선 시기 예비 후보로는 이례적으로 유명세를
탄 조은비는 2012년 대통령 선거 기간 당시 박근혜 캠프의
선거운동원으로 정치를 시작했다. 그는 영상을 통해 스스로
어떻게 정치를 하게 되었는지, 어떤 정치를 하고 싶은지
밝혔다. 하지만 그 영상에서 우리가 알 수 있었던 것은 그가
전혀 준비되지 않은 정치인이라는 것뿐이었다. 조은비는 '청년
실업', '청년들의 친구', '젊은 패기'등을 이야기했지만, 그저
문제가 있다는 것 정도의 내용 이외에 아무런 입장도 없었다.
오히려 영상 말미에 당시 논란이었던 '노동 개혁'에 대해 어떻게
생각하느냐는 질문에, 40대 혹은 50대 남성으로 추정되는 한
사람의 지시에 따라 자신은 아직 예비 후보이기 때문에 판단을
유보하겠다고 대답하기도 했다. 청년을 내세우며 출마했지만,
스스로는 아무것도 가진 것이 없고, 정당 안 기존 세력의
NPC(non-playable character)라는 것을 증명한 것이다. 마치 게임
속에서 정해진 대로만 움직이는, 프로그래밍된 가상 캐릭터처럼
말이다. 그에게는 '젊다는 것'을 빼면 아무런 강점이 없었다.
　안타깝지만 기성정당의 많은 청년 정치인들이 크게 다르지
않다. 바른미래당의 이준석, 자유한국당의 신보라는 보수정당의
유명한 청년 정치인이다. 하지만 그들 역시 청년이라는 단어만
앞세울 뿐, 그들이 이야기하는 내용은 기성세대의 그것과 전혀
다르지 않다. 그들은 "너희들이 더 노력하면 남들만큼 앞서갈
수 있다"고 말하는 청년 꼰대다. 자칭 청년 정치인이라면서

청년 세대의 일반적인 어려움을 알고 있지도 못하고, 심지어 공감하려는 노력조차 하지 않는다. 이들은 내용 없는 세대론이 얼마나 공허한지를 몸소 보여주고 있다. 더불어민주당은 이보다 낫지만, 그렇다고 크게 다르진 않다. 2012년 총선에서 청년 비례대표로 뽑힌 김광진, 장하나 의원은 19대 국회에서 눈에 띄는 활약을 했지만, 사이좋게 20대 총선에서 자취를 감췄다. 그와 동시에 더불어민주당의 청년 비례대표 2기 공천 과정은 엄청난 논란을 겪었다. 후보 선출 과정에서 부정·불공정 의혹이 제기되었고, 결국 진행이 중단되기까지 했다.[16]

"(청년 비례대표라는 자신의 타이틀에 대해) 요즘 이 이름이 너무 슬 퍼집니다. 청년들 때문이 아니라 이 제도에 대해서 전혀 이해하지도 못하고, 청년의 아픔에 고민도 없는 분들이 이 제도를 운영하면서 계속 청년들에게 실망과 아픔을 주고 있어서 그렇습니다. 왜 요즘은 이렇게 당이 당원들을 부끄럽게 하는지 모르겠습니다."

김광진 전 의원의 SNS 글에서

진보 정당도 피차일반이다. 한때 정의당 소속이었고 한때 서울시 공무원으로 일했던 조성주는 대표적인 청년 정치인 중 하나였다. 그는 청년유니온을 만들어 청년 세대의 노동 문제에 대해 이야기하기도 했다. 이러한 경력을 바탕으로 정의당 당 대표에 출마해 이슈가 되었지만, 당내에 그의 자리는 없었다.

청년 단체 또한 마찬가지다. 알바노조의 대표인 이가현씨는, 선거기간 도중 SNS를 통해 기존의 알바노조가 얼마나 권위적인 조직인지에 대해 토로했다. 자신을 젊은 이미지, 여성주의 이미지로 소비하며 허수아비처럼 내세워왔다고 밝혔다. 알바노조는 기존의 노동조합에서 보호받지 못하는 아르바이트생, 특히 청년 노동자를 중심으로 성장해온 단체다. 이 단체 또한 현장에서 활동하는 청년들을 기성 정치 세력과 같은 방식으로 옥죄어왔던 것이다.

"(진보 단체들이) 이슈를 이끄는 느낌이 아니라 허겁지겁 따라가는 느낌이에요. 힙하지도 않고요."

진보적 동아리에 몸담았던 대학생 강진

'힙하다'라는 것은 '힙스터Hipster'라는 젊은 세대 중심의 서브컬쳐를 의미한다. 대중성과는 거리가 멀지만, 보다 감각적이고 그 때문에 가까워지고 싶은 무언가를 뜻하는 말로 종종 쓰인다. '힙하지 않다'는 것은 곧 그다지 가까워지고 싶은 대상이 아니라는 것이다. 굳이 유사한 표현을 찾자면 '구리다'와 '후지다'가 있다. 강진은 진보 단체에서 활동하는 청년들을 가까이하고 싶지 않은 사람들이라고 평가한 것이다. 그저 기성세대의 담론만을 답습하기 때문에 그놈이 그놈인데, 굳이 지지할 필요가 있을까?

보수 정당, 진보 정당 할 것 없이 이름을 들어본 대부분의
정당은 낡았다. 이런 상황에서 정치에 관심을 가지라고 말한다면,
어느 장단에 맞춰야 할지 고민이 든다. 정치에 관심을 가지려고
들여다보면 한숨만 나오는 상황이다. 물론 이 한숨이 의미하는
혐오의 대상은 '정치' 그 자체가 아니라 '지금의 정치 세력'이다.

정치 세력화: '짱돌'이 아니라, '계란'을 든 청년들

선거철만 되면 청년 후보가 이슈다. 그들은 기성정당의 새로운
얼굴이자 혁신의 선두 주자로 등장해 기성세대가 갖지 못했던
문제의식을 보여주며 사이다 발언과 함께 신선한 자극을 준다.
후보에 그치지 않고 청년 세대의 당사자성을 중심으로 '청년당'을
표방하는 정당이 나오기도 한다. 청년들이 정치에 관심이 없어
의견을 들을 곳이 없고 청년들이 투표를 하지 않아서 청년
정책이 부실한 것이라고 국회의원들은 말하지만, 앞서 밝혔듯
실상은 다르다. 대한민국의 20~30대는 투표도 하고, 정치에도
관심이 있다. 일어나 짱돌을 들라는 기성세대의 외침이 무색하게
말이다. 사실 오래전부터 많은 청년들은 각자의 방식으로 들고
일어났다. 하지만 문제는 손에 들려 있는 것이 '짱돌'이 아니라

'계란'이었다는 것이다.

"솔직히 저는 청년 정당이나 노인 정당이나 똑같이 느껴져요. 답습
하지 않았으면 좋겠어요."

대학생 선우

2017년 프랑스 대선에 무소속으로 출마한 마크롱이라는
젊은 후보가 큰 반향을 일으킨 끝에 당선됐다. 마크롱이 처음
세간의 관심을 받게 된 이유는 그의 가정사 때문이었다. 그는
중학교 시절의 선생님과 결혼한 독특한 이력 때문에 좀 더
젊고 개방적이고 진보적인 이미지를 가지게 되었다. 당시 그의
나이 39세. 일반적으로 청년이라고 부르기에는 애매하지만,
대통령 후보라는 점을 감안하면 충분히 젊은 세대를 대변하는
이미지였다. 하지만 마크롱이 당선된 이후 시행한 정책들은 그의
이미지와는 전혀 거리가 멀었다. 경제적 자유주의를 외치며
법인세를 33.3%에서 25%까지 인하하려고 하고, 더 쉬운 해고를
가능하게 했으며, 주당 최대 근로시간을 확대하고, 민영화를
추진하고, 공무원을 감축했다. 나이만 젊었지 그가 가지고 있던
생각은 전형적인 기성세대의 것이었다. 그가 당선 직후 만든
〈앙 마르슈!(전진!)〉라는 정당 또한 정치 신인들로 구성되어
겉보기엔 신선해 보였지만, 속을 들여다보면 기성세대의 경제
정책을 그대로 답습하고 있었다. 결국 마크롱에겐 '새롭다'라는

이미지밖에 없었던 것이다. 마크롱의 유통기한은 금세 바닥이 드러났다. 2018년 12월 프랑스 전역을 뒤흔든 '노란 조끼 시위'는 단순히 유류세 인상에 대한 반발만은 아니다. 이는 그동안 마크롱이 대표해왔던 이미지 정치라는 환상을 깨나가는 투쟁이다.

안타깝지만 한국 정치에서 청년 세대의 움직임도 마크롱과 크게 다르지 않다. 기성정당의 청년 후보는 대부분 정당의 젊은 이미지를 만들기 위한 수단으로만 존재했고, 당선된 이후에도 들러리 수준을 벗어나지 못했다. 20대 총선에서 더불어민주당은 청년 비례대표 후보를 공천하겠다며 면접을 공고했지만, 면접 비용이 100만 원이라는 사실이 알려지면서 많은 청년들의 빈축을 샀다. 당내에서 청년 세대를 양성하려는 절차와 계획 없이 '될 것 같은' 외부의 청년들을 돈 받고 공천하겠다는 뜻이었다. 애초에 기성정당의 청년 후보는 '청년 세대'를 대변하기 위해 기획된 것이 아니었다.

기성정당이 아닌 외부에서 청년 정당을 만들자는 운동도 몇 차례 있었지만 실패하거나 미진했다. 그들에게 실력이 없었기 때문이다. 기성정당처럼 돈이 많거나 조직력이 훌륭한 것도 아니고, 그들을 넘어서는 세련된 정책이나 새로운 이념이 있었던 것도 아니었다. 예를 들어 청년 단체들은 청년들이 겪는 주거난에 대해서 '청년 월세 10만 원', '청년 임대주택 확대' 등 단기적인 미봉책을 주장하기도 한다. 그러나 청년들에게 월세를 10만 원씩

지원해준다는 정책은 청년들이 건물주들에게 착취당해왔던 10만
원을 국가가 세금으로 대신 충당해주겠다는 말이나 마찬가지다.
또한 청년 임대주택을 아무리 많이 지어도 부동산 시장의 왜곡된
구조는 바뀌지 않을 것이다. 결국 건물주와 임대인 사이의 착취
구조에 대한 고민 없이, 단기적이고 시혜적인 정책을 요구하는
것은 한계가 있을 수밖에 없다. 안타깝지만 세상을 바꾸는 것은
'젊다는 것'과 '열정'만으론 부족하다.

　그럼에도 불구하고 청년 문제를 청년들이 직접 정치에 나서서
해결해야 한다는 대의는 타당하다. 자신들이 겪는 어려움을 가장
잘 알고 있고, 이를 누군가에게 도움을 구걸하는 것이 아니라
직접 청년들의 손으로 바로잡을 수 있다면 얼마나 바람직한
일인가. 이른바 청년들의 정치 세력화다. 그래서 수많은 청년
정치 그룹과 기성정당은 청년들을 모아 정치적 사업을 벌이기도
한다. 하지만 한총련 이후, 여태까지 청년들의 정치 세력화는
늘상 실패해왔다.

　청년 정치 세력화의 가장 큰 맹점은 세대교체를 '정치'에만
국한해 바라봤다는 데 있다. 세대교체는 기성세대에서 청년
세대로 권력이 넘어가는 것이다. 그리고 그 권력은 단순히 국회
안에만 있는 것이 아니다. 회사에서 사장이 사원들보다 더 많은
권한을 행사할 수 있는 것도, 대학에서 교수가 수업을 넘어
학생들의 진로와 삶에 개입할 수 있는 것 역시 권력이다. 사회
곳곳에서 청년 세대는 기성세대보다 약하다. 굳이 꼰대라고

부르지 않더라도 청년들이 기성세대의 의견에 반론을 제기할 수 있는 문화가 있는 곳은 별로 없다. 동방예의지국의 유교 문화가 권위주의로 둔갑하고 있다는 식의 이야기를 하고 싶은 것이 아니다. 그만큼 사회적 권력을 기성세대가 독점하고 있다는 점을 짚고 싶다. 사회 모든 곳에 존재하는 담론의 권력을 기성세대가 쥐고 있는 한, 청년 세대의 '정치력'은 성장할 수 없다. 정치권력은 투표로만, 국회에서만 만들어지는 것이 아니다. 오히려 국회는 세대교체의 출발점이 아니라 종착점이다. 청년 정치를 꿈꾼다면 국회가 아니라, 캠퍼스를, 공단을, 사무실을, 강남과 홍대거리를, 청년들이 존재하는 곳을 바라봐야 한다.

'나이가 벼슬이 아니다'라는 말은 청년에게도 필요하다: 〈포데모스〉와 〈시대역량〉

우리나라의 청년 정당과 단체들은 청년 관련 의제를 이야기할 때, 주로 청년에게 무언가를 달라고 주장하는 경향이 있다. 하지만 청년은 시혜의 대상이 아니라는 점에서 한계가 있다. 이쯤에서 해외 다른 국가들의 청년들은 사회문제를 어떻게 바라보고 있는지 살펴보자. 한국의 청년 단체들이 참고할 만한 좋은 사례가 있다. 바로 스페인의 〈포데모스〉와 대만의 〈시대역량〉이다.

　스페인의 〈포데모스PODEMOS〉는 2018년 현재 스페인 의회에서
세 번째로 많은 의석을 차지하고 있는 정당이다. 2011년 스페인
정부의 긴축 조치와 빈부 격차에 항의하는 '인디그나도스(분노한
사람들) 운동'의 주축 세력이 2014년 〈포데모스〉를 창당했다.
이 정당을 이끄는 중심 세력은 청년이다. 당 대표 파블로
이글레시아스, 당의 2인자이자 대변인 이니고 에레혼 모두 30대
청년이다. 그리고 당내 주요 정책 그룹 역시 젊은 학자들로
구성되어 있다. 체계적으로 조직된 당내 커뮤니티에서 주로
활동하는 사람들도 젊은 당원들이다. 〈포데모스〉는 주로
스페인이 겪고 있는 극심한 경제 문제를 이야기하고 있는데,
특이한 점은 청년 실업을 해결하기 위한 수혜적인 정책을
요구하지 않는다는 것이다. 다만 자신들이 겪는 문제의 핵심을
파악하고, 이를 해결하려고 노력한다.

　이들은 스페인 사회의 불평등을 언급하면서 그 원인으로
금융과 경제, 정치의 문제, 그리고 노동을 억압하는 자본의 문제를
지적했다. 임금 인상, 고용 확대, 사회보장 지출과 공공투자
확대 등을 이야기한다. 정책만 보자면 기존의 좌파 정당과 크게
다르지 않다. 하지만 이 젊은 정당이 다른 좌파 정당과 다른
점은 대중에게 호소하는 '레토릭'이다. 그동안 우리가 보아왔던
좌파들이 좌우의 대립을 중심으로 이야기했다면, 〈포데모스〉는
아래를 중심으로 대중들에게 지지를 호소했다. 자본에 대항해

노동자들이 결집하자는 주장이 아니라 기득권에 맞서 약자들이
연합하자고 말이다. 파블로 이글레시아스의 이런 수사 덕분에
좌파는 물론 기존 우파 정당 지지자들의 일부까지 〈포데모스〉를
응원하는 '사태'가 벌어졌다. 이는 오랜 시간 동안 정치권에
머물러 있던 기성 정치인들로서는 상상하기 힘든 전략이다.

　　대만의 〈시대역량時代力量〉도 이와 비슷한 케이스다.
〈시대역량〉은 한국의 국회의사당에 해당하는 대만의 입법원을
점거했던 해바라기 운동에서 시작됐다. 구성원들이 정당이라는
이름을 쓰는 것을 꺼린 탓에 당명에 '당'을 쓰진 않았지만, 엄연한
정당이다. 심지어 의회 내에서 113석 중 5석을 차지한 제3당이다.
다섯 석뿐이라고 매우 볼품없는 정당이라 생각할 수 있지만,
대만의 선거제도가 한국과 비슷하게 거대 정당에게만 유리하고
소수 정당이 의회 내에 입성하기 매우 어려운 시스템이라는 점을
감안하면 매우 큰 성과라고 볼 수 있다.

　　해바라기 운동은 2014년 대만의 대학생과 시민단체들이
중국과 대만의 양안서비스무역협정 체결 및 비준에 반대하면서
시작됐다. 이 협정은 상품뿐 아니라 노동력까지 개방하는 내용을
포함하고 있다. 대만 청년들은 중국 청년들이 자신들의 일자리를
빼앗을 것이라는 위기감에서 해바라기 운동에 참가했다. 그러나
〈시대역량〉은 청년들의 실업 문제를 넘어, 이제 국가 전체의
문제를 지적하고 있다.

"엄밀히 말해 청년 문제는 20~30대만의 문제가 아니라 국가 전체의 문제다. 청년 의원, 당원만으로는 해결하기 어렵다. 국가 전체가 청년 문제 해결을 위해 협력해야 한다. 예를 들어 사회 주택 문제나 일자리 창출 문제는 관련된 각 정부 기관이 모두 협력해야 해결의 실마리를 찾을 수 있다."

〈시대역량〉 조직개발부 판이[17]

이는 단순히 청년에 대한 수혜적인 지원을 요구하는 것과는 분명히 다른 시선이다. 노동, 복지, 경제 등 더 근본적인 문제까지 나아간다. 청년 문제를 현상으로만 보는 것이 아니라 그 원인까지 해결하려고 한다. 또한 동성 결혼과 대만 독립 문제 등 대만의 다른 기성 정당들이 쉽게 목소리를 내지 못하는 의제에 대해서도 목소리를 높이면서 청년 세대의 일반적인 정치적 입장을 의회 내에서 대변하려고 노력한다.

〈포데모스〉와 〈시대역량〉 모두 청년이 중심이 되어 정치 세력화에 성공한 케이스다. 이 둘의 공통점이라면 청년이 중심이 되었음에도 불구하고 청년 수당, 청년 고용 할당과 같은 일시적이고 수혜적인 정책을 주장하지 않는다는 점이다. 이들은 청년 문제의 원인이 어디에 있는지 정확히 파악하고 있다. 원인을 찾지 않고 요즘 청년들이 힘들다는 푸념만으로는 문제를 근본적으로 해결할 수 없다. 문제를 해결할 수 있을 만한 정치적 역량을 키우고 조직하는 것 역시 문제에 대한 본질적인 접근이

선행되어야 가능한 일이다. 청년 조직과 청년 정당을 상상한다면, 청년이라는 정체성에 집착하는 것 이상의 내용이 필요하다.

기성세대와의 연대: '공감과 상생'이라는 환상

청년 문제는 청년들만의 문제가 아니다. 이대로라면 기성세대도 피해를 볼 것이다. 그래서 기성세대와 청년 세대가 청년 문제 해결을 위해 연대해야 한다. 이는 청년 문제 해결에 대한 가장 대표적인 접근 방식이다. 맞는 말이다. 너무 뻔한 말이라 틀릴 수가 없다. 하지만 이런 식의 주장은 공허할 뿐만 아니라, 때로는 더 나쁜 결과를 초래하기도 한다. 왜냐하면 근본적인 문제에 대한 지적과 비판 없이 '해결'만을 목적으로 연대해야 한다는 말로는 아무것도 바꾸지 못하기 때문이다. 게다가 연대를 호소하는 사람들은 흔히 기성세대가 청년들의 아픔에 '공감'해야 한다거나 모두가 함께 '상생'할 수 있는 길을 찾자고 말하는데, 이것은 일종의 환상에 가깝다. 어떠한 문제든 진짜 해결하고 싶다면 '환상'을 걷어내고 '현실'로 다가가야 한다.

기성세대와의 연대론은 크게 두 가지로 나뉜다. 첫 번째는 세대 간 갈등 구도를 양보를 통해 해결해보자는 주장이다. 서로 상대

세대를 이기려고 싸우지 말고, 양쪽 모두가 양보하고 타협하여 아름다운 윈-윈 구도를 만들어보자는 것이다. 이러한 주장은 현실에서 보통 청년 세대에 대한 동정론으로 나타난다. 청년 세대가 양보는커녕 '3포—5포—N포'니 하면서 자신들의 소중한 것들마저 포기하고 있는 상황이니, 기성세대가 먼저 양보해야 한다는 식이다. 이런 방향성을 바탕으로 구현된 정책으로 '임금피크제'가 있다. 임금피크제는 말 그대로 '나이'가 피크를 찍으면 그다음부터 임금을 삭감한다는 내용이다. 특정 연령이 지나면 노동자의 임금을 삭감하고, 기업이나 정부가 그 삭감된 임금들을 모아 청년층을 고용하는 영역에 투자한다는 것이다. 기성세대들이 조금씩 희생해서 청년들을 취직시켜주겠다는 모양새다.

그런데 여기에는 본질적인 맹점이 존재한다. 바로 누구에게 줄 것인지에 앞서 누구에게서 빼앗아 올 것인지에 대한 논의가 선행되지 않았다는 것이다. 현재 청년들에게 어떠한 형태로든 지원이 필요하다는 것에는 동의한다. 하지만 이 지원이 필요하게 된 원인이 도대체 누구 때문에 발생했느냐를 살펴봐야 한다. 당연하게도 청년 실업에 대한 지원 예산을 마련해야 하는 사람들은 지금의 실업난을 만들어낸 사람들이다. 그런데 임금피크제로 임금을 삭감당하는 대다수의 기성세대 노동자들은 과연 청년 실업에 얼마나 큰 책임이 있을까? 아마 티끌보다도 못할 것이다. 청년 실업의 일등 공신은 세 명이 할 일을 한 명에게 시키는 기업 소유주들이고 이를 조장하고 방기하는 정부다.
예산을 이들에게서 빼앗아오지 못하는 청년 실업 지원 대책은
잘못된 처방이다. 임금피크제는 실업난에 허덕이는 청년들을
위한 기성세대의 공감과 연대라는 호소 속에 본질적인 문제를
감추고 있는 것이다. 비단 임금피크제뿐만이 아니다. 청년
세대에 대한 동정 여론을 바탕으로 무작정 기성세대에게 도움을
호소하는 행위는 그 저의를 의심하기에 충분하다. 사태의 본질을
감추고 서로 간 희생을 강요하는 논리로 귀결되기 때문이다.

　둘째로 청년 세대와 기성세대의 계급적 연대를 강조하는
주장도 있다. 이는 앞선 주장보다 한결 낫다. 노동자의 절반
이상이 비정규직으로 일하고 있고, 또 일하게 될 것으로 예측되는
상황에서 청년 세대와 비정규직 기성 노동자가 힘을 모아 지금의
신자유주의 질서를 뒤집어야 한다는 논지다. 좋은 주장이다.
하지만 이러한 주장의 한계는 모든 문제를 신자유주의 혹은
자본주의의 착취 구조로만 설명하려는 관점에서 벗어나기
힘들다는 데 있다. 그리고 이러한 반자본주의 운동이 세대교체
없이, 청년 세대가 기성세대에게 동화되는 방식으로 현실에서
구현된다는 오류 또한 있다.

　청년 노동자도 기성세대 노동자도 자본가에게 착취당하고
있다. 그 둘의 진짜 적은 자본가다. 그래서 둘은 힘을 합쳐야
한다. 그런데 힘을 합치지 못하는 이유는 뭘까? 둘 사이에 간극이
존재하기 때문이다. 대표적인 간극으로 권위주의 문제가 있다.

기성세대의 권위적 질서와 청년 세대의 탈권위적 지향성은 합치될 수 없다. 둘 중 하나가 포기하거나 싸워 이겨서 어느 한쪽의 질서가 정립되어야 한다. 그리고 당연히 후자의 탈권위적 질서로 정리되는 것이 올바른 방향성이다.

계급적 기반이 같다고 해서 무작정 힘을 모으자는 이야기는 계급 문제를 제외한 여타 다른 문제들을 중요하지 않은 문제로 치부하는 경향으로 수렴된다. 권위주의와 탈권위주의의 대립, 젠더 갈등 등 기성세대와 공유되지 못하는 청년들의 문제의식 또한 계급적 문제만큼이나 중요한 문제다. 계급적 기반을 이유로 이러한 문제들을 적당히 봉합하려는 시도는 옳지 못하다.

물론 자본주의와 다른 문제들이 연관성이 없다고 할 순 없다. 자본주의 착취 구조 안에서 젠더 갈등과 권위주의 문제가 더욱 강화될 수 있고, 그 때문에 많은 페미니스트들과 청년들이 좌파 운동에 투신하기도 한다. 그렇다고 해서 '계급 문제만 해결하면 모든 것이 해결된다'는 환원론적인 관점으로 접근해선 안 된다.

현실에서 진보 진영 청년들의 모습을 보자. 다수의 단체에서 세대교체 없이 기성세대의 지도를 받은 청년 세대가 편입되고 있다. 기성세대가 가지고 있는 낡은 질서(이를테면 가부장제, 수직적 조직 문화)에 청년들이 들어가지 못하면 살아남을 수 없는 구조가 이미 설계되어 있다. 예를 들어 민주노총은 노동자들의 권익을 위해 꼭 필요하고 한국 진보 진영에 있어 매우 중요한 조직이지만, 그렇다고 해서 변화가 필요하지 않은 곳은 아니다.

민주노총 내부의 분열과 수직적 위계질서, 비정규직 노조를
거부하는 이기주의 등 청산해야 할 과제들이 산적해 있다. 그런데
청년 노동자들의 다수는 비정규직이고,[18] 수직적 위계질서에 대한
거부감이 있으며, 진보 진영 내부의 정파 투쟁에는 관심이 없다.
이들에게 민주노총은 낯설 수밖에 없다. 하지만 대한민국에서
노동 운동을 제대로 하려면 민주노총밖에 길이 없고 내부에선
변화가 제대로 이루어지지 않으니, 청년 세대는 만족하지 못하게
되는 것이다. 안타깝지만 민주노총에서 이루어지는 '세대교체'는
탈권위 및 탈집중화를 통해 지금의 한계를 넘어서는 방식이
아니라, 기존의 체제에 적응할 수 있는 나이가 조금 더 어린
사람들이 편입되는 방식이라고 보여진다.

   정치단체에서 청년들에게 기대하거나 주어지는 역할도
문제다. 진보 성향의 단체라고 하더라도 진지하게 청년 세대의
아이디어와 문제의식이 받아들이는 경우는 그다지 없다. 이때
청년들이 주로 하는 역할은 '이 단체는 새롭고, 젊은 피가 있고,
우리 청년들이 이렇게 밝고 진취적이다'는 것을 적극적으로
보여주는 일이다. 예를 들면 진보 정당에선 청년 당원들이 항상
율동이나 콩트 같은 공연을 맡고 있다. 이러한 행위 자체가
나쁘다는 것이 아니다. 다만 이런 공연에서 보여주는 청년의
이미지는 '밝고 진보적이며 도전 정신과 희망으로 가득 찬',
진보적 기성세대가 가장 좋아하는 청년의 이미지로 단순화되기
일쑤라는 점을 지적하고 싶다. 이처럼 진보 단체에서 청년들은

단체의 '새로움'이라는 이미지를 만들기 위한 도구로 사용되곤
한다.

　이대로라면 희망이 없다. 연대를 하지 말자는 것이 아니라
애초에 유의미한 연대가 불가능하다는 뜻이다. 연대를
위해서라도 기성세대로의 동화가 아닌 세대교체적 방식을
고민해야 한다. 갈등을 회피한 채 연대만 외치는 것은 허무한
주장을 넘어 의도치 않게 세대교체를 가로막기도 한다. 갈등은
피할 수 없으며 오히려 갈등 해소를 위해서 서로 간에 더 치열한
논쟁이 필요하다. 청년 세대와 기성세대의 연대를 가로막고
있는 지점들을 명확히 마주하고, 이에 대해 기성세대가 청년
세대에 동화되어야 한다. 어렵고 또 피하고 싶더라도 해야만 하는
일이다. '연대, 공감, 상생'이라는 환상을 버리고 현실을 보자.

청년 정치 만들기 프로젝트: 순수함보다 시대정신

아직도 많은 산업화 세대가 '그때'가 좋았다면서 독재
정권을 그리워하곤 한다. 박정희와 전두환이 아무리 나쁜
사람들일지라도, 우리를 먹고살게 해준 고마운 사람이 아니냐고
말하는 조부모 세대의 넋두리를 많은 곳에서 들을 수 있다. 현재

문재인 정부를 대표하는 386세대는 이에 저항했던 세대였다. 오랜 시간 동안 정의와 도덕을 내세워 산업화 세대에 저항했고, 대한민국을 지금의 자유민주주의 국가로 만들어냈다.

이 두 세대는 그만큼 다르지만 정치를 각자의 방식으로 해석하고 규정했다는 공통점이 있다. 산업화 세대에게 정치가 먹고사는 문제를 해결하는 도구였다면, 386세대에게 정치란 민주화와 도덕이라고 요약해도 큰 무리는 아닐 것이다. 이처럼 각 세대는 자신들 나름대로의 정치적 시대정신을 설정하고, 이를 근간으로 정치에 참여해왔다. 어쩌면 오늘날의 청년 세대가 정치 세력화에 성공하지 못하는 이유는 이러한 정치적 시대정신이 없기 때문일지도 모른다. 그렇다면 우리 세대는 왜 그것을 갖지 못했을까.

2016년 가을, 많은 대학생들이 박근혜와 최순실의 국정농단에 저항하는 행동에 나섰다. 고려대 총학생회도 그중 하나였다. 대자보를 통해 비선으로 농락당한 국가권력을 규탄했다. 그런데 이 대자보가 고려대 학생들 사이에서 논란이 됐다. 총학생회 대자보가 당시 기준으로 1년 전 민중총궐기에서 경찰의 물대포에 희생된 백남기 농민을 언급하면서 학내 특정 학생운동 단체를 함께 언급했기 때문이다. 논란은 국정농단에 대한 고려대 학생들의 순수한 의견이 특정 정치 세력의 입장으로 변질되었다는 내용으로까지 나아갔고, 총학생회장은 탄핵 위기에 내몰렸다.

비슷한 시기 이화여대에서도 비슷한 상황이 연출됐다.
이화여대는 최순실의 딸인 정유라의 부정 입학과 미래라이프
대학이라는 단과대학 신설에 반대해 학생들이 직접 집회를
열고 투쟁했다. 하지만 여기서 주목해야 할 지점은, 이 투쟁을
주도했던 학생들이 총학생회를 직접적으로 부정했다는 점이다.
이들은 이화여대 총학생회 주요 구성원들이 대다수 특정 정당의
당원이고, 그 당에서 활동한 전력이 있다는 이유로 '순수한'
이화여대의 학생이 아니라고까지 주장했다. 같은 논지에서
외부와의 그 어떤 연대도 거부했다. 누군가가 학내 집회에서
발언을 할 때면, 스스로 그 어떠한 정치적 집단에도 속해 있지
않다는 것을 증명해야 했다. 그렇지 못한 사람은 야유를 받았다.

　지금의 젊은 세대들, 적어도 '배운 사람'이라는 서울 주요
대학생들의 마음속 깊은 곳에는 '순수'에 대한 강박이 자리 잡고
있다. 요컨대 특정 정당, 정파의 입장이나 '무슨무슨 주의' 같은
이념이 주장에 섞여 들어가면 안 된다. 현 청년 세대의 주류 정치
문화는 학칙에 명시된 학생으로서 권리, 법에 명시된 국민으로서
권리, 계약서에 적어놓은 소비자로서 권리 따위의 정치적이지
않은, 누구나 동의할 수 있는 '순수'한 이야기를 지향한다.

　하지만 그 권리 자체도 이미 정치적인 내용이다. 또한
이러한 정치적 담론은 필연적으로 입장이 갈리고, 같은 입장을
가진 사람들끼리 뭉쳐 '정파'를 형성하게 된다. 너무나도
자연스럽고 당연한 원리이다. 오히려 권리를 외치면서도 그것에

'정치적'이라는 딱지가 붙는 것을 두려워하는 지금의 세태가
비정상적이다.

　이러한 순수성에 대한 강박은 현 청년 세대가 지난 10년 동안
겪어온 공통된 경험에서 왔다고 유추할 수 있다. 이명박과 박근혜
정권하에서, 집회에 참여한 시민들은 '선량한 시민들에게 불편을
끼치는' 선량하지 않은, 순수하지 않은 시위꾼들로 내몰렸다.
정치적 공동체에 몸담아본 경험이 없는 젊은 세대는 지난 권력의
강력한 메시지에 그 누구보다 깊이 동화되어왔을지 모른다.
정치적인 목소리를 내는 것이 불순한 생각을 갖춘 비정상
국민으로 인식된 시대에 자연스럽게 순수성에 대한 강박과
불순함, 곧 정치성에 대한 거부감이 각인된 것이다.

　이러한 환경에서 청년 세대는 '정치'에 대한 논의를 통해 우리
세대의 정치적 시대정신을 확립하는 데에 실패했다. 그 대가로
우리에게 남은 것은 '이름뿐인 순수함'이다. 자신의 목소리를
내는 것이 불순한 것이라면, 순수하다는 건 아무런 주체성이
없는 타자화된 존재로 남는 것이다. 지금이라도 청년 세대가
정치적으로 힘을 가지기 위해서는 순수함에 대한 강박 대신,
새로운 시대의 정치를 이끌어갈 시대정신에 대해 고민하고
논의해나가야 한다.

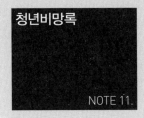

청년비망록

NOTE 11.

지석은 게이다. 하지만 지석이 게이라는 사실은 아무도 모른다. 커밍아웃하지 않았기 때문이다. 부모님만 그 사실을 알고 있다. 한국 사회가 존재 자체를 용납하지 않기 때문에 따로 밝힐 생각을 하지 않았다. 지석이 게이라는 사실을 아무도 모르기 때문에 직접 차별을 겪은 적은 없다. 지석은 자신 같은 사람들이 정체성을 밝히고 싸워야만 차별이 사라진다는 것을 알고 있다. 하지만 자신이 총알받이가 되고 싶지는 않다.

통계에 따르면 전 세계적으로 성소수자가 인구의 5% 정도 된다고 한다. 어디에나 있다. 그런데 이들은 교회에 가고 싶어도 정체성을 밝히지 못한다. 하나님을 믿어도 함께할 수 없다. 하나님은 우리 모두를 사랑하신다면서, 왜 성소수자들은 안 되는 것일까.

지석은 중학교 때 처음 성적 지향에 대한 고민을 시작했다. 자신의 정체성을 받아들이는 것은 어렵지 않았다. 다만 지석은 자신의 성적 지향을 인정해주는 사회 안에서만 생활하게 됐다. 가족과 성소수자 사회. 지석이 사는 세계의 전부다. 일종의 회피 심리도 있는 것 같다. 사실 가족에게도 원해서 커밍아웃을 한 것이 아니었다. 스무 살 때 만났던 애인이 지석에게 헤어지자고 말하자, 그 상실감에 어머니께 전화해서 아웃팅을 했다. 지석의 어머님은 평소에 성소수자에 대한 인식이 나쁘지 않은 편이었다. 결혼 안 해도 되고 혼자 살아도 된다고 말씀하시곤 했다. 하지만 막상 자기 자식 일이 되자 심각해졌다. 그 사건 이후에는 이야기 자체를 꺼내기 불편해하신다. 서로 알지만 아무 말도 하지 않는, 그런 상황이다.

성소수자들끼리도 생각은 다르다. 트렌스젠더를 차별하는 경우도 있다. 퀴어 축제, 페미니즘에 대한 생각도 조금씩 다르다. 레즈비언들은 자신들이 성소수자에 여성이기도 해서 차별을 이중으로 받는다고 주장한다. 성소수자를 둘러싼 갈등은 복잡하고 어렵다.

결론적으로 기성세대가 다 죽고 나서야 차별이 사라질 것 같다. 지동설과 천동설이 대립할 때의 이야기를 듣고 보니 더 그렇다. 지동설이 맞다는 것이 과학적으로 밝혀졌어도, 천동설을 믿던 기성세대가 다 죽고 나서야 지동설이 진정으로 사회에서 인정받았다는 것이다. 지석은 성소수자에 대한 갈등 또한 마찬가지일 것 같다는 생각이 든다. 정말로, 기성세대가 죽지 않으면 안 될 것 같다. 차별하는 사람들을 말로 설득하는 건 너무 힘든 일이다.

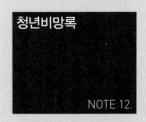

수연은 본인이 어떤 사람을 좋아하는지 아닌지를 판단할 때, 이성애자 친구들과 비슷하게 자신이 그 사람에게 키스할 수 있는지 고민해본다. 수연은 남성과 여성 모두에게 그런 감정을 느낀 적이 있다. 성별을 떠나 그 사람을 좋아할 뿐인 것이다. 사람들은 그런 수연을 레즈비언이라고 부른다.

처음 성 정체성에 대해 고민해보았을 때, 수연은 자신이 그저 친구에게 집착을 많이 한다고만 생각했다. 〈이누야사〉를 보면 가영이보다 이누야사를 좋아했고, 역할 놀이를 하면 엄마보다 아빠 역할을 하는 것을 좋아했다. 어렸을 때부터 남자를 만난 경험이 거의 없고, 있어도 부정적인 경험밖에 없었다. 그래서 성별을 떠나 좋아하는 사람을 만나게 됐다. 수연에게는 그게 자연스러운 일이었다.

엄마에게 자신이 여자 친구가 있다고 말한 적도 있다. 하지만 엄마는 사춘기 때 여중·여고를 나와서 그런 것이라며 인정하지 않으려 하신다. 친구들에게는 중학교 때 커밍아웃을 했다. 수연이 평소에 소수를 깊게 친구로 사귀는 편이라, 친구들은 편하게 받아들였다. 사실 수연은 일반적인 경우에는 성소수자들이 커밍아웃을 하면 안 된다고 생각한다. 아무리 진보적인 부모님이더라도 자기 자식 일이 되면 받아들이기 힘들어한다. 부모에게 커밍아웃하고 인생이 망가진 사람들이 한둘이 아니다. 최소한 자기가 경제적으로 독립해서 부모나 그 누구의 도움도 없이 살 수 있게 되면, 그때서야 커밍아웃을 할 수 있는 것이다. 친구들 사이의 관계에서도 비슷하다. 쉽게 인연을 끊을 수 있는 사람들이라면 오히려 커밍아웃이 쉽겠지만, 주변에 소중한 사람들에게는 말을 꺼내기 어렵다.

사람들은 성소수자를 보면 꼭 성적으로 엮는다. 성 관계를 갖는 방법이 하나가 아니고 아예 안 하는 경우도 있는데, 그런 쪽으로만 상상한다. 레즈비언 같은 경우는 걸 크러시로, 아예 '센 언니' 코드로만 묶어버린다. 성소수자들을 자기들 멋대로 희화화한다. 아니면 대놓고 무시하고 욕하기도 한다. 가장 화가 나는 건 명동 같은

데이트 코스를 갔을 때, 기독교 단체들이 반대 집회를 하는 것이다. 할아버지들이 막대기를 들고 "동성애자 다 불태워버린다. 지옥의 심판이 기다리고 있다"고 말한다. 중학교 때부터 매년 그런 광경을 봤다. 그럴 때마다, '당신들 때문에 이미 이 삶이 지옥인데, 무슨 또 지옥이냐' 하는 생각이 든다. 한번은 친구의 남자 친구가 와서 가슴을 만지고는 "왜? 레즈비언도 기분이 나빠?"라고 한 적도 있다. 한국 사회는 성소수자를 사람 취급하지 않는다.

수연은 같은 성소수자라고 해서 받는 차별까지 같을 것이라고 뭉뚱그리면 안 된다고 생각한다. 같은 성소수자여도 게이와 레즈비언은 차이가 존재한다. 수연이 느끼기에는 성소수자에도 서열이 있다. 레즈비언의 경우 여성이면서 성소수자라 사회적으로 더 많은 차별과 배제의 대상이 되기 때문이다. "네가 아직 남자랑 안 자봐서 그렇다", "어차피 30대가 되면 결혼할 거잖아"라는 식의 이야기를 자주 듣는다. 게이의 경우엔 결혼해서 아내가 있는데도 신분을 숨기고 동성과 연애를 하는 경우도 꽤 있는데, 레즈비언은 불가능하다. 일단 결혼해서 아이가 생기면 아이를 키우는 건 여성의 몫이기 때문이다. 아이만 바라보고 살게 되는 것이다.

수연은 한국에서 성소수자로 살아간다는 것은 '너무 엿 같은 일'이라고 말한다. 항상 위협과 위험에 시달려야 하기 때문이다. 누군가가 자신을 계속 때린다면, 방법은 그에 맞서 싸우는 것뿐이다. 당연하지만, 성소수자라고 해서 인간으로서 누려야 할 권리를 포기해야 하는 것은 아니다.

AND:
청년 담론

하다못해 축구팀도 세대교체에 실패하면 미래가 어둡다. 당장 실력 있는 선수만 경기에 뛰는 것이 아니라, 조금 실력이 떨어지더라도 재능 있는 젊은 선수들에게 기회가 주어져야 한다. 그들을 함께 뛰도록 하면서 '경기'가 아니라, '팀'을 바라보며 운영할 때 미래가 열린다. 하물며 한 사회의 세대교체는 이보다 더 중요할 텐데, 이에 대한 담론이 한국 사회에선 부족하다. 늦었지만 지금부터라도 진정한 세대 담론을 형성해나가야 한다. 그리고 이 세대 담론의 중심에서 청년 세대의 가능성을 어디에서 찾을 것인가를 논의해야 한다. 그 가능성이 한국 사회가 조금 더 나은 사회가 될 수 있느냐의 문제와 바로 직결되기 때문이다.

꼰대 담론: 권위주의에 대한 자정 작용

본래 '꼰대'라는 말은 아버지나 교사 등을 지칭하는 은어나
속어로 1960년대에도 쓰였다. 1990년대에는 잘 쓰이지 않다가,
2000년대에 권위적이거나 잔소리가 많은 기성세대를 지칭하는
말로 간간이 쓰이며 부활했다. 그러나 이 말이 본격적으로
유행하기 시작한 것은 2010년대 중반이다. 당시 '꼰대체'라고
부르는 풍자적인 대화체와 '꼰대 자가 진단 테스트', '꼰대가 되지
않는 법' 등 SNS 컨텐츠들이 폭발적인 인기를 누렸다. 이 시기에
청년들이 집중적으로 분포해 있는 대학 사회에서 탈권위적인
분위기가 더욱 급격하게 폭발적으로 성장하면서 '꼰대' 풍자를
이끌었다.

그러나 소위 꼰대 담론을 '청년 세대'와 '기성세대'의 간극에서 발생한 것으로만 보기는 어렵다. 꼰대라고 부르는 대상은 기성세대에만 있는 것이 아니라 같은 청년 세대 안에도 있기 때문이다. 꼰대는 단순히 나이 차이가 많이 나는 사람을 말하는 것이 아니라, 낡은 생각을 가지고 있는 사람을 말한다.

"(직장 내에서) 잘못된 점들을 얘기했을 때 유난 떠는 사람으로 낙인 찍거나, '난 옛날에 안 그랬다', '우리 땐 안 그랬다', '젊은 사람이 그러면 안 되는데'라는 말을 많이 해요. 아닌 건 아닌 건데. … 그 사람들은 농담이지만 이걸 그냥 듣고 있는 게 맞나 싶기도 한 게 '된장녀' 같은 거. 된장 먹고 있는데 농담으로 '된장녀네?' 그래요. 어느 날은 생일 선물로 받은 물건을 들고 갔는데, '공장 일 하면서 그런 거 들고 다니냐, 분수에 안 맞는다'라고 뭐라고 하는데, 그래도 되나 싶더라고요."

생산직 노동자 은하

"직장 상사와의 관계가… 공장에서 일하고, 아무래도 평균적으로 30~40대이다 보니까. 20대 막내가 들어와서 일하면 수직적인 분위기가 있죠. 소위 군대식으로 상사들이 요구한 걸 제대로 수행하지 못하면 욕도 하고. … 직장 내 분위기, 근무 분위기가 수평적이지 않고 수직적인 데다가 직원이 적고 서로 일이 바쁘다 보니까 본인이 하실 일들 위주로 하고, 저는 체계적으로 일을 배우지 못하니까 능

률도 안 오르고 소외감도 들어요."

생산직 노동자 도식

두 사례는 노동 현장의 수직적인 문화와 잘못된 관념(여성혐오적 사고방식)을 보여준다. 이러한 문화와 혐오 정서를 기성세대만 가지고 있는 것은 아니다. 그래서 꼰대 담론이 늘 있는 흔한 세대 갈등 정도로만 이해된다면 본질적인 문제를 가리게 될 위험성이 있다.

꼰대 담론을 제대로 이해하려면 그 안에 반영된 낡은 사상과 부당한 권위에 대한 저항 의식이 은폐되지 않도록 해야 한다. 이러한 의미에서 오늘날 '꼰대'가 유난히 조롱거리가 되고 이슈가 되는 사회적 분위기는 특기할 만하다. 꼰대 담론의 유행은 사회 전반을 낡은 사고방식이 지배하고 있다는 인식이 공유되고 있음을 보여주는 지표일 수 있다. 청년 세대와 기성세대를 막론하고 사회 전반적으로 꼰대를 거부하는 경향이 생긴 것은 긍정적인 일이다. 낡은 시대의 가치에 대한 거부감의 발현이기 때문이다.

청년들이 주도하는 대학 사회에선 꼰대 담론에 대한 논의가 더욱 활발한 편이다. 군대 문화와 같은 낡은 사고방식을 가진 또래들을 '젊은 꼰대'라며 희화화하면서 스스로 꼰대가 되지 않기 위해 노력하는 사회적 분위기가 대표적인 사례이다. 이를 통해 청년 세대가 권위주의에 대한 자정 작용에 적극적이라는 것을

알 수 있다. 이러한 노력의 연장선에서 꼰대 담론에 대한 논의는
사회 전반에 걸친 차별과 권위주의에 맞선 저항으로 이어질 수
있어야 한다.

멘토: 찾는 것이 아니라 만드는 것

안철수, 법륜, 박경철. 이름만 들어도 모두가 알 만한
이들의 공통점은 바로 한때 청년 멘토로 불렸다는 점이다.
멘토라는 단어는 고대 그리스의 서사시 《오디세이아》에
나오는 등장인물에서 유래했다. 멘토는 오디세우스가 트로이
원정을 떠나기 전 아들 텔레마코스의 교육을 맡겼던 인물로,
텔레마코스의 충실한 조언자 역할을 수행한다. 여기서 유래해서
현대에 자신을 이끌어줄 수 있는 현명한 사람을 일컫는 표현으로
쓰이게 되었다. 일방적으로 '가르치는 것'에 초점이 맞춰진
전통적인 스승이나 지도자 개념과 달리, 타인의 이야기에 귀
기울이고 나아갈 길을 제시하며 '이끄는 것'에 초점이 맞춰진
멘토라는 개념은 청년들에게 새로운 것으로 인식되었다.
자신들의 고민을 하소연할 곳도 없고, 어떻게 살아가야 할지도
막막한 청년 세대에게 멘토라는 존재는 매력적인 답을 던져줄

것처럼 보였다.

'청춘 콘서트', '힐링 강연' 등의 이름으로 각종 멘토들이 쏟아져 나왔다. 대학별로 청년들을 위한 멘토 강의가 열렸고, 수많은 청년들이 이들의 목소리를 듣기 위해 강연장을 찾았다. 이들이 냈던 책들도 불티나게 팔렸다. 청년들은 멘토들의 생각을 알기 위해 《안철수의 생각》을 읽었고, 그들이 제시하는 삶의 모습을 상상하기 위해 《시골의사 박경철의 자기 혁명》을 읽었다. 법륜의 《즉문즉답》에 위로받고 희망을 가졌다. 마치 춘추전국시대에 깨달음을 얻기 위해, 제자백가에게 몰려든 청년들의 모습을 방불케 했다. 멘토 중 한 사람은 이러한 힘을 바탕으로 결국 대통령 후보까지 되었다.

하지만 무엇이 변했을까? 멘토들로부터 위로와 조언을 받았던 청년들은 지금 행복하게 살고 있을까? 그 멘토들이 주도했던 정치와 문화는 세상을 조금 더 나은 세상으로 만들었을까? 아마 멘토 열풍으로 이익을 본 것은 멘토 자신들밖에 없을 것이다. 청년들은 여전히 힘들고 그들만 배가 불렀다. 심지어 부패하고 무능력한 정권을 내쫓은 것도 멘토라 불렸던 그들이 아니라 평범한 시민들이었다. 그리고 이제 청년들은 멘토를 찾지 않는다. 멘토 열풍은 실패했다.

어쩌다 '멘토'가 이렇게 됐을까? 애초에 청년들이 멘토라는 존재를 원하게 된 것은 기성세대가 제시하는 삶의 모델에 괴리감이 있었기 때문이다. 청년 세대는 기성세대에 비해 양적인 측면에서의 성공보다 삶의 질을 더 중요하게 여긴다. 단순히 좋은 대학과 좋은 직장으로 대표되는 삶의 모델은 더 이상 청년들에게 매력적으로 다가가지 못한다. 돈을 조금 적게 벌더라도 가족들과 함께 더 많은 시간을 보내길 원하고, 학점을 높이는 것도 중요하지만 그만큼 인간관계에서 얻는 행복도 중요하다. 넓은 집을 무리해서 사기보다는, 조금 좁은 집에 살더라도 가끔 여행을 다니는 삶이 더 나은 인생이라고 말한다. 그러다 보니 기존의 성공에 대한 관념에 사로잡힌 기성세대의 충고는 '꼰대질'로 들리고, 반작용으로 기성세대는 청년 세대를 '철없는 놈들'로 인식하는 경향이 더욱 강해졌다. 이때 '멘토'라는 존재가 등장했다. 이들은 다른 기성세대들과 달리 '소통'을 강조하며, 청년들의 이야기를 '들어'주려 했다. 적어도 그들은 그동안 한국 사회에 부재했던 '소통'을 위해 노력하는 모습을 보였던 것이다. 일방적인 억압과 지시 문화에 익숙해진 청년 세대에게 멘토들의 '들어주는' 태도는 단비처럼 느껴졌다.

　하지만 소통은 소통일 뿐, 달라지는 것은 없었다. 당연하게도 단지 이야기를 들어주는 것만으로 삶이 더 나아지진 않는다. 오히려 소위 멘토라는 이들 중 일부가 이후에 보인 행보를 보면, 그전까지의 언행이 청년들에 대한 기만이었다고 느껴질 정도다. 안철수의 청춘 콘서트는 정치인 안철수의 대중적 기반 확보를 위한 것 이상도 이하도 아니었다. 청춘 콘서트에서 청년들이 이야기했던 불만과 요구들을 안철수는 듣기만 했을 뿐, 그들의 목소리를 담은 정치를 할 생각은 없었다. 이름만 '새 정치'였지, 낡은 정치꾼의 행보를 답습할 뿐이었다. 아무도 말하지 않았지만 청년들은 그들의 이야기가 '속 빈 강정'이라는 것을 자연스럽게 알게 되었다.

　한때 멘토 열풍은 기성세대를 향한 청년들의 지푸라기 같은 희망이었다. 하지만 기댈 수 있는 존재, 믿고 따를 수 있는 존재, 나아갈 방향을 제시할 수 있는 기성세대는 없었다. 그들이 특별히 무언가를 잘못했기 때문이 아니라, 시대는 변화하고 변화하는 미래는 청년 세대의 몫이기 때문이다. 멘토 열풍의 실체는 청년들이 해결해야 할 혹은 요구해야 할 문제를 기성세대에게 기대어 해결해보려는 시도였다. 하지만 이런 식으론 아무것도 바뀌지 않는다. 미래는 기성세대가 던져주는 것을 받아먹는 방식이 아니라, 청년 세대 스스로 만들어가야 하는 것이다.

　그런데 청년 세대에겐 멘토를 쫓아다니는 것뿐만 아니라, 자신들의 공간에서 멘토 문화를 스스로 만들어냈던 경험이 있다. 대학 내에서 선후배 간의 유대를 위해 멘토 제도를 운영하고, '꼰대'와 대비되는 상징으로서 '멘토'를 설정해 꼰대 문화에서 벗어나기 위해 활용하기도 했다. 수직적인 '스승—제자 관계'와 다른 수평적인 '멘토—멘티 관계'는 기성 사회의 낡은 조직 문화를 청산하는 방향성을 갖는다. 세대교체는 기성세대보다 더 나은 문화, 더 나은 가치를 청년 세대가 제안할 수 있을 때 가능하다. 이러한 측면에서 대학 내 멘토 문화의 창출은 청년 세대가 보여준 하나의 새로운 가능성이다.

세대교체: 새 술은 새 부대에

"(롤 모델이 있는지?) 업종 내에는 없어요. 그들이 그렇게 멋있어 보이진 않아요. 존경할 만한 가치가 있나 싶기도 해요. 흔히 TV에 나오는 스타 셰프들 봐도 옛날 같으면 멋있다 생각했을 텐데, 지금 보면 그들도 그냥 인기를 즐기고 돈을 즐기는 그런 사람으로 보여요. 물론 그 뒤에 수많은 노력이 있었겠지만. 딱히 그런 걸 닮고 싶지는 않아요."

이탈리아 레스토랑에서 세컨드로 일하는 찬호

"바로 떠오르는 건 없네요. 갑자기 생각나는 건 요즘 청년들이 존경하는 사람이 없다는 뉴스가 있던 거 같은데… 글쎄요…."

구청 독서실 서무 현서

　일반적으로 사회는 특정한 롤 모델이나 가이드라인을 구성원들에게 제시한다. 인생에서 아무도 가보지 않은 길을 선택하는 사람은 별로 없다. 누군가가 이미 걸어온 길을 자신의 방식으로 걸어가는 것이 보통 사람들의 평범한 삶이다. 그런 삶에 좌표와 이정표 역할을 하는 것이 롤 모델이고 가이드라인이다. '내가 이대로 노력하면 나중에 저런 모습으로 살고 있겠지', '저런 미래를 가지기 위해 이런 방식으로 노력해야겠다' 등 삶의 계획에 구체적인 도움을 주는 것이다. 그런데 어느 순간부터 헬조선의 청년들은 롤 모델과 가이드라인을 잃었다. 청년들에게 물었을 때, 절반이 넘는 이들은 롤 모델이 없다고 말했다. 그나마 있다는 사람들은 부모님을 고르는 경우가 많았다. 청년들이 존경할 만한 '사회적 어른'이 딱히 없다는 것은 슬픈 일이다.

"내가 원하는 직종, 원하는 기업에 취직했어요. 대기업에 정규직이고 급여도 적지 않고. 내가 직장을 그만둔다고 하면 미쳤냐고 할지도 몰라요. 그런데 그런 생각이 들더라고요. 상사들을 보면서, 내가 10년 후에 저렇게 살까 봐 무서운 거예요. 저렇게 살고 싶지 않은데. 그래서 다른 길을 하루라도 빨리 찾으려고 하는 거죠."

직장을 그만두고 다시 학업을 시작한 은진

대기업에 다니던 은진. 명문 고등학교와 서울에서 나름 이름 있는 대학을 나왔다. 어렸을 때부터 좋은 학교에 가서 좋은 직장을 가지면 행복하게 살 수 있다는 한국 사회의 가이드라인을 충실히 따랐다. 의문도 없었고, 하나하나 성취할 때마다 보람도 있었다. 하지만 막상 대기업에 취직하고 보니 가이드라인이 사라졌다. 이제부터 어떻게 살아가야 하는지 아무도 알려주는 사람이 없었다. 불안하고 두려웠다. 남들은 안정된 미래라고 부러워할지 모르겠지만, 정작 자기 자신은 미래에 대한 확신이 없었다. 이대로 직장을 계속 다니다 보면 10년, 20년이 지나고 자신의 옆에서 일하고 있는 상사들의 모습처럼 살게 될 것만 같았다. 하지만 은진은 그렇게 살고 싶지 않았다. 은진의 눈에 그들은 매일 같은 야근에 가정도 제대로 돌보지 못하고, 회사를 위해 자신의 삶을 헌신하면서 하루하루를 맹목적으로 살아가는 것처럼 보였다. 그리 행복해 보이는 삶은 아니었다. 은진은 오랜 시간 고심 끝에 퇴사를 결정했다. 너무나 늦게 깨달았지만, 사회에서 제시하는 삶의 표준 가이드라인이 은진에게는 '가고 싶지 않은 길'이었던 것이다.

"(직장 내에서 롤 모델이 있는지?) 모르겠어요. 제가 느꼈을 때는 우리나라 한계, 특성이 그럴 진 모르겠는데, 화이트칼라, 서비스 산업 위주로는 롤 모델을 많이 찾는 거 같은데 이런 제조업, 2차 산업에선 롤 모델 찾기가 힘들어요. 분명 생산 직종도 경제의 근간이 될 수 있는데. 소위 독일이라든가 서양 선진국들 보면 제조업 노동자들도 권리를 가지고 일을 하는 걸 볼 수 있잖아요. 그런데 우리나라는 공돌이, 이런 식으로 비하한다거나, 공부를 못해서 육체노동을 한다고 천시하고. 그래서 구조적으로 롤 모델이 있을 수 없는 거 같아요."

금속 공장에서 일하는 창식

생산직 노동자로 일하고 있는 창식은 블루칼라에서 롤 모델은 존재할 수 없다고 이야기했다. 성공한 30대 CEO 경영자가 TV에 나오고, 20대에 세계 일주를 해 여행 작가가 된 청년의 이야기가 책으로 팔린다. 푸드트럭으로 시작해 프랜차이즈로 사업을 확장한 청년 사업가도 있다. 하지만 블루칼라는 '성공하는 삶'이 무엇인지조차 알 수 없다. 블루칼라 노동자들이 겪는 열악한 노동 환경이 만들어낸 왜곡된 이미지 탓이 크다.

이 같은 사례는 우리 사회에서 제시하는 롤 모델의 종류가 다양하지 못하며 편협한 기준을 바탕으로 만들어져 있음을 보여준다. 세상엔 다양한 각자의 삶이 있고, 그들 모두가 같은 모습으로 삶을 살아갈 순 없다. 그만큼 다양한 형태의 롤 모델과 가이드라인이 필요한데, 우리 사회는 일방통행으로 제시하는 몇 가지의 경로만을 성공하는 삶으로 규정한다. 그리고 이 경로를 이탈한 사람들은 낙오자로 취급한다. 사회에서 보여주는 '대다수의 사람들이 앞으로 살아갈 발전하는 미래의 모습'이 아예 없는 것이다. 지금 현재 모습 그대로 평생을 살아가야 한다고, 그렇게 체념하라고 말한다.

그런데 지금의 상황은 오히려 세대교체의 전조일지도 모른다. 기성세대와 사회가 제시하는 삶의 모델에 청년 세대가 더 이상 설득되지 않는다. 청년 세대는 기성세대가 말하는 '성공적 삶'에 동의하지 않는다. 사회가 말하는 '안정적인 가이드라인'을 신뢰하지 않는다. 그리고 자신들에게 가이드라인이 주어져 있지도 않았다는 사실을 자각한다. 청년들은 다른 삶과 다른 미래를 고민하는, 여태껏 없었던 다양한 삶의 모델들을 주목하고 있다. 청년들은 승진을 거듭하며 기업 총수가 되는 세일즈맨 신화도, 고시 합격 후 벼락출세한 영감님의 성공 스토리에도 딱히 공감하지 않는다. 자신이 원하는 분야에서 하고 싶은 일을 하며 여유롭게 인생을 설계하는 사람들을 닮고 싶어 한다.

사회에서 제시하는 롤 모델과 가이드라인이 먹히지 않는다는 것은 그 사회가 한계가 봉착했음을 의미한다. 사회구조와 시스템은 그 안에서 살아가는 다양한 삶의 모습을 포괄할 수 있어야 하는데, 지금의 한국 사회는 사회 구성원 각자의 삶을 감당할 수 없을 만큼 낡았다. 사회는 구성원의 요구를 반영하는 형태로 나아갈 수밖에 없다. 기성세대는 어차피 청년 세대보다 일찍 죽는다. 살아남는 삶의 방식은 청년 세대의 것이고, 그것이 미래의 모습이다. '새 술'은 '새 부대'에 담아야 하듯, '청년 세대의 삶의 방식'이 담길 '새로운 사회'를 고민해야 하는 시점이다.

맥주나 홀짝이지 않았으면

"The only thing I'm afraid of is that we will someday just

go home and then we will meet once a year, drinking beer, and nostaligically remembering 'What a nice time we had here'. Promise yourselves that this will not be the case"

슬라보예 지젝, 2011년 〈월가를 점령하라〉 시위에서

세계적인 지성이자 철학자인 슬라보예 지젝은 미국 금융계의 기만적이고 방만한 경영을 규탄하는 2011년의 〈월가를 점령하라〉 시위에서 이렇게 연설했다. "내가 걱정하는 단 한 가지는 언젠가 여러분이 집에 돌아가서 1년에 한 번쯤 만나 맥주나 홀짝이면서 '그때는 아름다웠지'라고 말하는 것이다. 여러분들은 그렇게 하지 않겠다고 약속해달라." 이는 프랑스의 68혁명을 이끈 세대를 비꼬는 말이라고 해석할 수 있다. 지젝은 프랑스의 68세대를 그렇게 말했지만, 우리는 이 말을 우리나라의 기성세대에게도 똑같이 되돌려 주고 싶다.

프랑스와 미국의 기성세대에게 맥주가 있다면 우리나라의 386세대에겐 막걸리와 소주가 있다. 서울 시내의 대규모 집회는 단순한 집회가 아니다. 민주화 세대들이 왕년에 함께했던 동지들을 왕왕 만나는 자리이기도 하다. 집회가 끝난 후 삼삼오오 모여 세종문화회관 뒷골목 혹은 종로 근처의 파전 집에서 막걸리를, 삼겹살집에서 소주를 마시며 과거를 회상한다.

'우리 그때 아름다웠지. 열정적이었고. 근데 요즘 사회는 왜

그러냐? 요즘 젊은이들은 왜 사회에 저항하지 못하는 거야? 왜 그들은 열정적으로 사회에 저항하면서 아름다운 청춘을 보내지 못하는 거야!'

젊었을 적의 민주화 운동, 좋다. 지금 우리가 누리고 있는 민주주의는 30년 전의 청년 세대에게 크게 빚지고 있다. 그들이 젊은 시절 청춘을 바쳐 군부 독재에 항거한 덕분에, 지금 한국은 더 자유롭고 더 민주적인 사회가 되었다. 하지만 그렇다고 해서 이 사회가 그들만의 소유물은 아니며, 그들이 지향하는 가치대로만 나아가야 하는 것도 아니다. 이제 386세대는 더 이상 저항의 아이콘이 아닌, 대한민국 체제 그 자체다. 그들은 저항하는 쪽이 아니라, 오히려 '저항받아야' 하는 쪽인 것이다. 386세대는 그들의 투쟁으로 소위 '87년 체제'를 만들어냈고, 김대중·노무현 정권을 창출했으며, 박근혜를 몰아내고 이명박을 구속함으로써 문재인 정부를 통해 체제를 완성해냈다고 평가할 만하다. 그러나 이러한 그들의 역할은 '진보'가 아니라, 기성 체제를 '정상화'하고 수호하는 '보수'에 가깝다. 그들은 아직도 그들이 청춘이었던 시대에 박제되어 있기 때문이다.

386세대가 말하는 청춘과 정의의 단 한 가지 기준선은 바로 독재에 대한 저항이다. 이는 지금 기득권이 된 자신들의 이익에 반하지 않는 선에서만 허용되는 다원주의, 추상적이고 무책임한 정의 등으로 변질되었다. '이명박근혜' 정권 10년 가까운 시기 동안 억눌렸던 목소리들이 터져 나온 촛불 집회에서 그들은 '지금

독재자를 끌어내려야 하는데, 노동이 뭔 소리야, 페미니즘은
또 무슨 소리야'라며 귀족 노조(?)와 페미 나치(?)를 타박했다.
그들이 아름다웠을 시기에 가졌던 사상과 이념은 더 이상 이 시대
진보의 기준이 될 수 없다. 그들은 이제 자신들이 기성 권력임을
인정하고, 시대의 진보를 위해 권력을 청년 세대에게 양보할
준비를 해야 한다.

　지젝의 지적은 기성세대뿐 아니라, 청년 세대에게도 경각심을
준다. 한때 이슈였던 청년유니온의 '떼인 돈 받아드립니다'
캠페인은 당시 사회에 만연하던 '열정 페이'에 대한 많은 공감을
불러일으켰다. 자신이 착취당하면서도 착취당하고 있다는 것을
자각하지 못하는 청년들, 그리고 그것이 당연하다고 느끼는 관련
업종의 관계자들에게 열정 페이가 옳지 않다는 것을 알리는
계기가 되었다. 최근 매해 주목을 받는 최저임금 인상 논의는
청년유니온의 퍼포먼스에 크게 영향을 받았다고 해도 과장은
아니다. 하지만 이후 여타 청년 단체들이 벌인 유사한 형태의
퍼포먼스들은 내용 없이 형식에서만 '떼인 돈 받아드립니다'를
차용해왔다. 시간이 갈수록 청년 단체들의 행동 양식은 그
'내용'보다 '형식'의 파격성을 중시하고, 지속적이지 못한
단발적인 운동들을 양산하고 있다.

　이러한 청년 단체 주류의 양상은 청년 세대는 기성세대와
달라야 한다는 강박에서 기인한다. 꼰대를 욕하면서, 이 꼰대들과
다를 수 있는 것이 무엇일지 고민해보다가 결국 찾은 게

'활기차고 재기발랄한' 형식적인 것들뿐이다. 하지만 이는 오히려 기성세대가 요구하는 '청년다움'에 충실히 복무하는 행위다. 안타깝지만 이대로라면 우리는 프랑스의 68세대나 한국의 386세대처럼 '1년에 한 번 만나 맥주를 홀짝이며 우리 그때, 아름다웠지'라고 되뇌일 추억거리조차 없는 세대가 될 것이다. 지금의 청년 세대도 언젠가 기성세대가 될 것이다. 부끄럽지 않은 어른이 되기 위해서라도 부끄러운 어른들의 역사를 반복하지 말아야 한다.

세상을 바꾸자

2018년 한국 사회 청년 1인 가구 빈곤율이 20%에 이르렀다. 독립한 청년 5명 중 1명은 빈곤층이라는 뜻이다. 여기에 한국은 OECD 국가들 중 부모와 함께 사는 청년 비중이 84.6%로 가장 높다. 정리하면 한국 청년들은 가난해서 부모와 함께 살거나 독립해서 빈곤층으로 전락한다. 굳이 빈곤층이라는 민감한 단어를 언급하지 않더라도 다수의 청년들이 어려운 상황에 처해 있는 것은 사실이다. 그러나 이렇듯 높은 비율과 많은 숫자의 청년들은 우리 눈앞에서 사라졌다. 이들은 미디어에서 다루지 않는, 우리가 앞에서 밝혔던 '사라진 청년들'이기 때문이다. 이는 명백히 의도된 은폐 작업이다. 마치 도심거리에서 노점상을 철거하고 노숙자들을 치워내듯이, 보기 싫은 청년들의 모습은 감추어 버렸다. 공단에 가두고, 고시원과 반지하 방에 가두었다. 그리고 미디어와 정치는 현실에서 살아가는 다수 청년들과는 무관한 화이트칼라 고학력 청년들의 문제만 쏟아내고 있다.

　세상을 바꾸는 것은 세상을 있는 그대로 바라보는 것에서 출발한다. 이러한 차원에서 우리는 '사라진 청년들'을 세상에 드러내야 한다. 단순하지만 청년 세대를 있는 그대로 인식하는 것에서부터 변화의 방향을 잡을 수 있기 때문이다. 무엇이 문제인지 알 수조차 없게 하는 현재의 청년 문제에 대한 사회적 인식의 틀을 깨야 한다. 문제는 감춘다고 사라지지 않는다. 미디어와 정치가 감추는 사라진 청년들은 모두 같은 땅 위에, 같은 하늘 아래 숨 쉬고 살아가는 실존적 존재다. 그들을 받아들이고 그들과 함께 살아가는 세상을 상상하는 것이 우리가 나아가야 할 길이다.

　대한민국은 '늙은 나라'다. 건국부터 현재까지의 시간을 말하는 것이 아니다. 변화에 둔감하고 또 변화를 바라지 않는 사회이기 때문에 늙었다. 그래서 재벌들은 대대손손 재벌이고, 자본주의는 영원한 사회 시스템이며, 이런 세상이 변하지 않을 것이라는 믿음 때문에 학벌주의도 부동산 투기도 변하지 않는 악순환이 반복된다. 그러나 수명이 다하면 죽는다는 것이 자연의 섭리다.

때로 정의가 악을 이기지 못해도, 낡은 것이 새것으로 대체된다는
것만은 변하지 않는 진리다.

자본주의는 낡았다. 공황이 들이닥칠 때마다 케인즈주의니,
신자유주의니 긴급 처방을 했지만 금융위기 이후 세계 경제는
성장을 멈췄다. 분단 체제 또한 낡았다. 반공과 용공 몰이로
정적을 처단하는 분단 이데올로기와 정치 문화는 적폐다.
가부장제는 역사상 가장 오래된 억압 체제이다. 낡은 것을
청산한다는 기치는 생각보다 사회에서 많은 것들을 바꿔낼
수 있다. 이것은 낡은 시대를 살아온 기성세대가 아니라, 청년
세대의 책무다. 세상을 바꾸자.

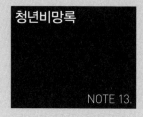

청년비망록

NOTE 13.

경환은 횡성소방서에서 구급 대원으로 일하고 있다. 현재 지방 소방사로 9급 공무원이다. 업무는 구급과 서무다. 서무는 사무직이라고 볼 수 있다. 구급은 흔히 사람들이 알고 있는 바로 그 일이다. 출동 지령이 나오면 현장에 가서 환자를 보고 병원에 이송한다. 환자는 다양해서 출동한 대원이 현장에서 1차적으로 비응급인지 응급인지 판단해야 한다. 수분 내에 사망할 수 있는 환자도 있고 단순 병원 이송을 요하는 환자도 있다. 응급, 준응급, 비응급 등으로 나누어 현장에서 응급처치를 어느 정도 하고 병원에 이송한다.

소방관이 된 건 고3 때 선생님 덕분이었다. 경환은 수능에서 언어 7등급이 나와서 재수를 하려고 했었다. 그런데 선생님이 인적성 검사 결과를 보시더니 응급구조과를 추천해주셨다. 이전까지 들어본 적 없는 학과였지만, 별생각 없이 지원해서 들어갔다. 그런데 정말 운이 좋게도 적성에 딱 맞았다. 대학 2학년 때 소방공무원 얘기를 우연히 듣게 되었고 곧바로 준비해서 붙었다. 시험에 합격했을 때 아버지는 계속 고맙다는 말을 하셨다. 좋은 교육도 못 시켜줬는데, 뭐 사달라고 조르는 투정 하나 안 부리고 자라줘서 고맙다는 이야기였다. 경환의 동생은 발달장애 1급이다. 그래서 부모님은 주로 동생에게 신경을 많이 썼다. 그런 부모님에게 경환의 소방관 합격은 크게 기쁜 소식이었다. 경환은 직장 생활을 시작한 이후부터 부모님께 다달이 40만 원씩 용돈을 드리고 있다.

경환은 직장에서 윗선들이 종종 눈치를 줄 때 불편하다. 경환은
1종 대형 면허가 없는데, 이걸 따라고 압박을 할 때가 있다. 윗선에서
좋아하는 건 다방면으로 써먹을 수 있는 소위 '멀티 소방관'이다. 여러
자격증을 소지하고 있으면 어떤 일을 시켜도 다 할 수 있기 때문이다.
그래서 직원들을 될 수 있는 대로 '멀티 소방관'으로 만들려고 하는데,
경환은 이렇게 닥치는 대로 모든 일을 맡기려는 시도에 반대한다.

소방관들은 업무가 명확히 구분되지 않는다. '근무지정'이라고 해서
처음 5년은 자기 파트에서 근무를 하다가, 나중에 '근무희망' 변경을
하게 되는데 이례적으로 지원이 부족한 경우엔 구급대원이 불 끄러
가는 일도 있고 그 반대의 사례도 있다. 지난번 침수 피해 때 소방관이
순직한 사건이 있었는데, 본인 원래 업무가 아닌 경우에 투입됐다가
벌어진 일이다. 이렇듯 원래 주 업무가 구급이었는데 구조대원 역할을
맡았다가 순직하는 경우가 왕왕 있다.

사무 업무 영역에선 '빨리빨리' 문화가 심하다. 공문서를 다루면서
신입에게 갑자기 문서 하나 내려주고 명령을 시키는데, 당황할
수밖에 없다. 경험이 없는 사람을 배려해주지 않는다. 현장 업무에
감각이 없고 탁상공론만 하는 윗사람들이 문서 하나만 달랑 만들어서
시달하는 경우도 있다. 외근 및 현장 대원들에 대한 배려가 전혀
없다.

지방직, 국가직 문제도 심하다. 소방관만 제복 공무원 중에서
지방직이다. 경찰이나 군인은 다 국가직이다. 소방관은 1% 빼고는 다
지방직인데, 이 1%는 국민안전처 중앙소방학교에 있다. 이 때문에

발생하는 문제가 수두룩하다. 예산 편성도 국가직이면 국가가 해서 전반적으로 고르고 좋게 되는데, 지방직은 각 지방마다 들쑥날쑥하다. 지역마다 다르기 때문에 장비 노화가 발생하고 임금 격차가 발생한다. 인천 아시안게임 때 인천광역시에서 관련 예산을 집행하느라 인천 소방공무원들 임금이 밀린 적도 있다. 그래서 이걸 국가직으로 전환해달라고 많이 요구하는데, 반대하는 소수도 있다. 지방직일 때는 승진이 쉽게 되는데, 국가직 전환을 하면 인원이 통합되어 승진하기가 어려워진다는 게 이유다. 그래서 계장, 과장 직급의 사람들이 반대를 한다. 이기적인 사람들이다.

경환은 현재 소방사 1호봉이라 월급은 250만 원, 연 3,000만 원 정도 번다. 하지만 합당한 노동의 대가라고 생각하지 않는다. 일단 일이 너무 많다. 다른 직장에 비해 야간이나 당직이 많고 3주 사이클로 근무를 하는데 첫 주는 주간 2주는 야간, 이런 식이다. 한 달 기준 일하는 시간이 260시간에서 많으면 300시간까지 나온다. 잠도 제대로 못 자고 쉬는 날 제대로 쉬지 못한다. 세금도 많이 뗀다. 직급이 올라갈수록 돈이 올라가는데 세금이 더 많이 오른다. 사람들은 소방관이 돈을 많이 번다고 생각하지만, 경환의 연봉으로 보금자리를 마련하고 자녀 양육하기엔 조금 부족하다. 결혼할 생각이 있고 상대도 있지만 타이밍이 안 나온다. 경환의 예비 배우자는 간호사인데, 역시 일하는 환경이 녹록지 않다. 맞벌이를 하면서 경제적인 안정이 확보되어야겠지만, 그전에 둘 중 하나는 내근직으로 빠져야 결혼을 할 수 있을 것 같다.

경환은 그래도 요새 SNS 덕분에 사람들이 소방관들의 처우 개선에
관심을 가져주는 것이 고맙다. 자신들의 업무가 잊히지 않는 것
같아서 뿌듯하다.

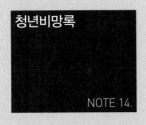
청년비망록

NOTE 14.

동유럽에 위치한 인구 126만의 작은 나라
에스토니아. 병규는 이곳에 석사 유학을
온 지 1년 되었다. 공부가 목적이었지만,
장기적으로는 이민을 염두에 두고 왔다.
에스토니아 근처에 있는 리투아니아에
교환학생으로 간 적이 있는데, 그때 경험을 통해 한국보다는 유럽에서
사는 게 더 맞을 것 같아서 이민을 결심하게 되었다. 가족들도 병규의
이민 계획을 말리지 않았다. 오히려 어디에 있든 행복한 것이 가장
중요하다며 지지해줬다.

여러 나라 중에서도 에스토니아를 선택한 이유는 한국 교민이 별로
없어서다. 나라 전체에 한국 교민이 10명도 안 되므로, 한국 특유의
고질적인 여러 병폐에서 벗어나기 위한 병규의 목적에 딱 맞았다.
덤으로 한국 교민 숫자가 적다 보니 새로운 기회까지 열렸다. 한
에스토니아 대학에서 '한국 사회와 정치'라는 수업을 맡게 된 것이다.
또 세종학당이라는 한국 정부에서 운영하는 한국어학당에서 교사로
일을 하게 되었다. 한국인 관광객을 대상으로 한 가이드 일도 함께
하고 있다.

사실 에스토니아가 아니었더라도 어디든 갔을 것이다. 병규가

'탈조선'을 선택한 이유가 에스토니아가 좋아서라기보다 한국이 싫었기 때문이라서다. 한국에서 가장 힘들었던 건 서열 문화다. 서열 문화가 있는 나라 중에서도 한국은 제일 심한 편이다. 한국에 살 때 병규는 사회문제에 관심이 많아 집회도 가끔 나갔고 로스쿨에 들어가서 인권 변호사가 되는 꿈도 있었다. 하지만 한국의 서열 문화에 도저히 적응할 수 없었고, 그런 문화에서 벗어나고 싶어서 탈조선을 선택했다.

탈조선이라고 하면 막연히 한국보다 더 좋은 노동 환경을 생각하지만, 에스토니아의 임금 처우나 노동 환경은 오히려 한국에 비해 열악한 편이다. 하지만 복지는 한국보다 훨씬 낫다. 예를 들면 병규가 사는 탈린은 완벽한 무상 교통에 학비와 학사도 전액 무료다. 에스토니아가 한국보다 못 사는 나라라고 하지만, 한국에 비해 좋은 부분과 나쁜 부분이 공존하고 있다. 단순히 한국이 지옥이고 외국이 천국인 것은 아니다. 취직이 안 되는 것은 유럽이나 한국이나 똑같다. 또 외국인 노동자는 어느 나라든 상대적으로 낮은 임금을 받는 것도 인정해야 하는 현실이다.

그럼에도 불구하고 병규는 탈조선이 인생에서 가장 잘한 결정이라고 믿는다. 에스토니아에서의 생활은 한국에서보다 훨씬 여유롭다. 한국에서는 노예 같은 삶을 살았는데, 에스토니아에서는 그렇지 않다. 공부하는 양은 비슷해도 한국 대학원생들에 비해 훨씬 더 질 높은 삶을 살고 있다고 느낀다. 친구들과 비교해보면 더욱 그렇다. 병규의 친구들은 27살인데도 취직한 사람들이 별로 없다. 취직이 안 돼서 힘들고, 된다고 해도 일 때문에 힘들어한다. 그에 비하면 병규는 훨씬 행복한 편이다. 에스토니아는 한국에서는 불가능한 계획들이 실현 가능하다. 일을 하면서 공부도 하고, 여유롭게 살면서 1년에 한두 번 한국에 와서 가족들을 볼 수 있다. 학교든 회사든 한국 특유의 수직적인 위계질서가 없고 수평적이어서 편하다.

병규는 만약 탈조선을 고민하는 청년들이 있다면, 자신이 한국의 어떤 점이 마음에 안 드는지 정확히 파악하고, 외국에 나갔을 때 그것이 해결될 수 있는지 고민해보아야 한다고 조언한다.

'청년'을 만난 청년들의 이야기

1.

양재역 근처 화환을 만드는 공장에서 일한 적이 있다. 한겨울에
면접을 보러 갔는데 공장에 거의 도착할 즈음 모르는 번호로
전화가 왔다. 전화를 건 남자는 갑자기 내게 "뛰어!"라고 외쳤다.
나는 얼떨결에 공장까지 무작정 뛰었다. 전화를 걸었던 사람은
다름 아닌 공장 사장이었다. 사장은 나를 보며 시키는 대로 뛰는
모양새가 매우 마음에 들었다며, 요새 젊은이답지 않다며 매우
흡족해했다. 나는 그 공장에서 일할 수 있었다. 하지만 마음 한
켠의 불편함이 지워지지 않았다. 어른의 명령을 잘 따르는 건실한
청년이 되었다는 부인할 수 없는 사실에 자존심이 상했던 것이다.

물론 모든 어른들이 그 사장처럼 청년들을 '부려먹는 대상'으로 바라보는 것은 아니다. 다만 짧은 삶을 살면서 존경할 만한 어른들을 그다지 보지 못했다고 말하고 싶다.

나는 대학을 자퇴했다. 대학을 다니는 동안 학생운동을 했다. 대기업이었던 재단이 대학을 마치 기업처럼 운영하는 행태가 마음에 들지 않았다. 수년간 대학본부에 맞서 싸웠다. 덕분에 무기정학·유기정학 등 징계 폭탄을 맞아야 했다. 그러다 결국 대학본부의 압력을 견디지 못하고 자퇴를 선택했다. 이 과정에서 대학의 최고 어른들이던 교수들은 나를 '회유'하거나 '응원'했다. "너만 다치니까 그만해라!" "함께할 수 없지만 언제나 힘내라!" 여태껏 만난 어른들이란 게 다 이 모양이었다.

돌이켜보면 그전부터도 그랬다. 그들은 자신들에게 '편리'한 방식으로 세상을 해석하고 그것이 '정의'로운 것이라고 말했다. '대'를 위해서 '소'를 버릴 수 있다고 이야기했지만 언제나 '대'는 자신에게 소중한 것이었고, '소'는 남들에게는 매우 중요한 일들이었다. 어른들이 만든 세상은 결코 나를 납득시킬 수 없었다. 아이러니하지만, 나는 더 빨리 어른이 되고 싶었다. 나이를 먹고 몸이 자라면 그들처럼 자기가 서 있는 곳이 곧 옳은 것이라고 말할 수 있는 '힘'이 생길 것이라고 믿었다.

물론 그렇지 않았다. 내 또래의 많은 친구들이 그랬다. 스무 살이 되면 고등학교를 졸업하게 되는 것과 다르게 직장은 자연스럽게 생기지 않았다. 결혼도 미뤄지고 있고 아마 집은 평생 가도 못 살 것 같다. 어렸을 때는 노력하지 않아도 당연하게 시간이 해결해줄 것 같던 사소한 일들이, 지금은 목메어 매달려도 힘든 일이 되었다. 우리는 대한민국에서 가장 힘없고 무기력한 세대로 취급되었다.

문제는 이러한 상황에서 벗어나려는 노력이 '낙오자'나 하는 '헛발질'이라고 여겨진다는 것이다. 산업화 세대는 적어도 자신들의 부정의를 '먹고살기 위해선 어쩔 수 없었다'라고 변명이라도 했다. 이들은 모두가 다 같이 먹고살기 위해선 희생하는 사람들도 필요하다고 말했다. 그런데 민주화 세대라고 불리는 386들은 조금 다르다. 그들은 아무도 희생할 필요가 없다고, 그것은 정의롭지 않은 일이라고 비판하지만, 정작 다수의 사람들을 희생시키며 박탈감을 준다. 자신들이 제시하는 사회적 기준에서 '정당'하게 '민주적'으로 기득권을 지켜내며 나머지를 배제하는 것이 386의 방식이다. 자신들의 '기득권'을 지키는 것이 곧 '상식'이 되는 시스템을 만들었다. 덕분에 청년 세대는 정의로운 세상에서 무능력하고 나태하게 살아가는 존재가 되어버렸다. 이런 어른들에게 세상을 맡겨선 안 된다고 생각했다. 청년 세대가 어려운 것은 무능력 때문이 아니라, 민주화 세대가 만든 이 세상이 정의롭지 않기 때문이다. 그런데도 386세대로 대표되는 기득권은 아직까지 자신들이 '변화의 주체'인 양 착각하고 있다. 이미 그들은 '체제'다.

청년들을 만나서 묻고 싶었다. 나만 이렇게 생각하는지, 세상이

좀 바뀌었으면 좋겠는데 얼마나 공감하는지. 그리고 그들의
이야기를 통해, "이만큼 힘들다"를 넘어서는 청년들의 담론을
만들어 제기하고자 했다. 단순히 기성세대의 꼰대질을 거부하는
방식 혹은 청년이라는 당사자성을 중심으로 여타 문제들을
도외시하는 방식, 이러한 청년운동의 두 가지 경향성을 종합하고
지양하고자 했다.

　청년 문제는 개인이나 세대의 특수한 영역이 아닌 한국 사회에
존재하는 일반적인 구조의 문제다. 즉, 세상을 바꾸는 것이
청년들의 어려움을 근본적으로 해결할 수 있는 유일한 정답이다.
여기에 대한 사회적 공감이 필요하다. 이는 결코 청년들에게만
국한된 이야기는 아니다. 왜냐하면 청년 문제는 우리 사회의
미래와 직결되어 있으며, 결국 미래가 과거를 전복시키는
현재진행형 싸움이기 때문이다.

김창인

2.
나는 청년이지만 사회에서 말하는 '청년'은 아니다. 대기업
사무직 취업 준비를 하지 않기 때문이다. 대학에 입학한 이후,
왜인지 모르겠지만 대기업 사무직에는 취업할 수 없을 것만
같다는 생각이 강하게 들었다. 어쩌면 그냥 하기 싫었던 것일지도

모른다. 사회의 '으르신'들이 제시하시는 길이라 무의식적으로
거부했던 것일 수도 있다. 여하튼 나는 20년 하고도 몇 년을
살아가면서 반 주변인의 삶에 익숙해졌다. 처음부터 그랬던 것은
아니다. 내 삶이 정해진 경로를 이탈하기 시작한 것은 고등학교
때다. 입학을 위해 시험을 봐야 했던 고등학교, 동네에서 공부
꽤나 한다는 고등학교에 들어갔다. 그때 처음으로 공부를 열심히
해도 안 되는 건 안 된다는 것을 깨달았고 그 이후 주변의 많은
것들을 돌아보게 되었다.

　고등학교 때 친구들은 대부분 잘사는 집안의 자제들이었고,
중학교 때 친구들은 그렇지 못한 경우가 많았다. 고등학교 친구들
중 많은 수는 매우 비싼 학원에 다니거나 과외를 했다. 중학교
때는 여러 친구들이 가정 형편으로 인해 다니던 학원을 그만두는
경우가 많아서 동네에서 멀고 좋은 학원을 다니는 친구는 학교에
이름이 알려질 정도였다. 중학교와 고등학교의 교육비가 원래
차이 나는 것 아니냐고? 맞다. 하지만 중학교 때 친구들 중
상당수는 고등학교에 가서도 학원에 다니지 못했다. 고등학교
친구들의 거의 대부분은 서울에 있는 대학에 다니고 있거나 이미
취업에 성공해 직장인이 되었다. 반면 중학교 친구들은 대부분
우리가 살던 작은 동네에서 가게를 하거나 공장에 다니고 있다.
어정쩡하게 끼어 있거나 밀려나 살고 있는 것이다.

　중학교 친구를 통해 공장 노동자를 인터뷰하게 되었다.
그리고 공장에서 일하는 청년 노동자 네 명과 함께 술을 마실

기회가 생겼다. 술자리에 있던 대부분의 사람들은 '청년 문제'에
공감하지 못했다. 아니, 공감하지 못하는 정도가 아니라 적대감을
표현했다. 학교 다닐 때 공부 잘한다는 이유로 선생님의 신임은
다 받던 아이들이 대학에 가더니 취업이 힘들다 하고, 사회적
약자처럼 그려진다고. 자신들은 공부는 못했어도, 선생님 말씀을
안 들었을지라도, 지금 누구보다 열심히 살아가고 있는데, 왜
징징거리기만 하는지 모르겠다고. 왜 그렇게 나약한 인간이
되었냐고. 오히려 나에게 추궁했다. 그러게 말이다. 왜 고등학교
때 공부 잘한 아이들은 전부 사회적 약자가 되어 언론에 전시되고
있는가. 그리고 명문대에 가지 않은 친구들은, 공장에 다니는
친구들은 사회 구성원의 한 사람으로 제대로 대접받은 적이
있었던가.

　수능을 보면 내가 전국에서 몇 번째로 공부를 잘하는지 알
수 있는데, 전체의 10~15%만이 서울에 있는 대학 혹은 지방의
명문대에 입학할 수 있다. 그렇지 않은 학생들은 지방대에 가거나
전문대에 가거나 아니면 일찍 취업의 길에 접어든다. 각기 다른
길을 선택한 모두 다 청년이다. 그런데 왜, 우리가 이야기하는
청년들은 상위 10% 남짓에게만 집중되어 있는가? 거의 모든 청년
문제는 사무직에 취업하는 문제에만 초점이 맞춰져 있는 걸까?
왜 나와, 내 중학교 친구들의 이야기는 아무도 하지 않는 걸까?
청년 정책이 성공해 모든 청년들이 취업을 했다고 가정해보자.
그렇다면 우리는 행복할까? 그렇지 않을 것이라 확신한다.

취업에 '성공'한 청년들은 집을 마련해야 하기 때문이다. 영원히 단칸방이나 임대주택에 살 수는 없으니까 말이다. 열심히 돈을 모아 목돈이 손에 들어오더라도 집을 사면 그보다 훨씬 더 큰 대출금을 갚아야 한다. 그렇게 계속 일을 할 수밖에 없다. 청바지를 입고 파스타를 먹는 꼰대의 잔소리를 견디면서 말이다.

　사회의 '으르신'들께서 이야기하시는 청년 문제의 해결은 청년층을 진짜 약자로 만드는 것이 아닐까. 우리 사회의 불평등을 영원히 보존할 수 있게. 백수에서 착취당하는 노동자로. 모두들 직장에서 회장님 이사님들의 인건비를 절약해드리기 위해 야근을 할 것이며, 집을 산 청년들의 부동산 대출 이자는 부자들의 계좌에 은행 이자로 지급될 것이다. 그렇게 높으신 분들은 계속 부유해질 것이고, 회사를 계속 불려 중소기업을 잡아먹고 상대적으로 적은 인력만으로 대기업을 경영할 것이며, 새로운 건물을 살 것이다. 사회의 불평등은 더 심화될 것이다. 그들이 말하는 청년 문제의 해결은 허구일 뿐이다. 그들이 말하는 청년이란, '으르신'들이 하는 말을 어겨본 적 없는 순둥순둥한 상위 10%의 예비 노예일 뿐이다.

　이번 책을 내는 과정에서 많은 청년들을 만났고 많은 이야기들을 들었다. 구구절절한 사연을 가진 청년들도 많았고, 비교적 잘사는 청년들도 많았다. 청년은 단일한 존재가 아니었다. 이는 곧 청년 문제라고 일컬어지는 것들은 하나의 문제가 아니고, 한 번에 해결할 수 있는 방안은 없다는 뜻이다.

더 이상 청년 문제의 해결책이랍시고 엉뚱한 정책들이 나오지
않았으면 좋겠다. 더 다양한 삶을 사는 청년들이 자신의 삶을
인정받을 수 있는 사회가 되기를 기대한다. 작가, 활동가, 예술가,
바리스타, 생산직 노동자, 요리사 등. 주목받지 못했던 청년들도
자신의 삶을 인정받을 수 있게 근본적인 사회문제가 해결되기를
바란다.

전병찬

3.

어렸을 때 어른들은 질문을 많이 하라고 내게 가르쳤다. '왜?'라는
질문을 많이 해야만 훌륭한 사람이 될 수 있다고. 하지만 질문을
한다고 명쾌한 답을 주는 경우는 없었다. 특히 사회와 윤리와
정치에 관한 질문에 대해 그랬다. 질문을 던졌을 때, 돌아오는
반응은 둘 중 하나였다. "역시 어려서 아직 뭘 모르는구나"
또는 "역시 어려서 아직 때 묻지 않았구나". 전자는 나에게 빨리
무언가를 알려주고 싶어 했고, 후자는 내가 최대한 오랫동안
뭘 모르는 '애'로 남아 있기를 바랐다. 결과적으로는 둘 다
성공적이지 못했다. 법적인 성인이 되고, 대학생이 되고, 이전보다
더 넓은 세계를 보고 더 많은 것을 알게 되었다. 스스로의
부족함에 대해서도 알게 되었지만 그렇다고 내가 '뭘 좀 아는

애'나 '때 묻은 사람'이 된 것은 아니었다. 여전히 나는 질문을
던졌고 돌아오는 반응은 똑같았다. 질문을 던지면 나는 다시
'어리고 뭘 모르는 애'로 돌아갔다.

내가 새롭게 알게 된 사실 하나는 세상에는 어리지 않아도 뭘
모르는 사람이 많다는 것이다. 지금까지 나를 상대한 어른들은
자기보다 나이가 적은 사람이 더 나은 세상을 꿈꾸면 어려서
그럴 수 있는 것이라고 했고, 자신들이 그런 꿈을 꾸지 못하는
것을 나이가 많고 철이 들었기 때문이라고 이야기했다. 하지만 내
나이를 들먹이던 우리 아버지, 삼촌, 옆집 아저씨와 같은 나이의
사람들이 사회 곳곳에서 질문을 던지고 있었다. 노동 현장에서,
학교에서, 거리에서, 광화문 광장에서 말이다. 세상을 바꾸기
위해서 그들이 외치던 이야기들은 어린 내가 던져왔던 질문들과
본질적으로 다르지 않았다. 반대로 나와 같은 나이대의 사람들
중에도 그런 쪽으로 전혀 관심이 없는 이들이 많았다. 도대체
어리다는 건 무엇을 말하는 것인가.

세상을 더 나은 곳으로 만들려 하는 것이 어린 생각이라면,
어리다는 건 정말 '좋은 뜻'일 수밖에 없다. 예전의 나는
'어려서 그렇다'는 말을 들으며 어른이 되면 정말 그런 건지
꼭 확인해보겠다고 생각했지만, 이제는 나이를 먹는다고 해서
확인할 수 있는 건 아무것도 없다는 사실을 안다. 무언가를
확인할 방법은 끊임없는 질문과 고민, 관찰뿐이다. 그러한 일을
어린 것이라고 한다면 기꺼이 어린이가 되는 편이 좋겠다. 그

말을 쓰는 것을 멈추지 않겠다면, '어리다'는 말의 의미를 내가
직접 규정해버리면 된다.

　아무튼 세상에 나 말고도 수많은 '어린' 사람이 있다는 것을
알게 된 덕분에, 나는 질문을 멈추지 않을 수 있었다. 중·고등학교
시절보다는 조금 더 열심히 즐겁게 공부를 했다. 말하기 부끄러운
수준이지만 학생운동에도 참여했다. 그 과정에서 던졌던 질문은
나 스스로를 엄청나게 많이 변화시켰고, 아마도 아주 조금은
세상을 변화시키는 데 기여했으리라 믿는다.

　그러한 질문들 중에서, 이 책을 쓰면서 계속 떠올렸던 것은
'청년이란 대체 무엇인가'이다. 우리 사회에서 청년이란 단어는
어리다는 말과 똑같다. 청년들이 어리고 철이 없어서 데모를
한다느니, 젊고 패기 있어야 할 청년들이 힘이 없다느니, 투표를
안 한다느니. 그런데 인터뷰 내용을 보면 청년이라고 불리는
존재들은 모두 저마다 다른 삶을 살고 있었다. 보수적이기도 하고
진보적이기도 하고, 정치에 관심이 많기도 하고 없기도 하고,
꿈을 꾸기도 하고 현실을 마주하기도 했다. 그들은 나이라는
알량한 기준으로 규정될 수 있는 존재가 아니었다.

　청년이란 단어는 공허하다. 그렇다면 그 말을 없애버릴 것인가?
우리는 그렇게 하는 대신에 우리에게 유리하고 필요한 새로운
의미를 부여하는 작업을 시도했다.

　"노동 문제를 해결하기 위해 자본주의사회와 싸워야 하고,
여성해방을 위해 가부장제와 싸워야 한다면, 청년 문제의 해결을

위해선 낡은 시대와 싸워야 한다."

  내가 생각하기에는 이 책의 핵심을 가장 잘 요약하고 있는
문장은 이것이다. 굉장히 과감하지만 위험한 시도이고, 당당하게
내세우기에는 준비와 공부가 많이 빈약했다. 여러모로 부족함이
많은 도전이었지만, 앞으로 더 많은 철없는 질문과 답을 통해
작은 도전을 발전시켜 나갈 수 있기만을 바랄 뿐이다.

  소위 '청년들'에 대해 왈가왈부하는 이들은 고작 몇십 년 더
산 경험을 내세우지만, 그보다 훨씬 긴 수천 년 인류의 역사가
증명하는 것은 세상은 더 나은 방향으로 바뀐다는 것이다. 그러한
변화에 우리의 어리고 철없는 이야기들이 아주 조금이나마
기여할 수 있다면 좋겠다.

안태언

4.

답을 찾고 싶었다. 그리고 그 답을 실제 청년들의 삶 속에서
얻고자 했다. 하지만 100명의 청년들을 만나는 일은 생각보다
쉽지 않았다. 인터뷰에 응한 청년들은 각기 다른 삶의 양식과
가치관을 가지고 있었고, 그들을 만났던 인터뷰어들도
마찬가지였다. 우리는 서로를 만나면 만날수록 '공통점'보다는
'차이점'에 놀라고 주목하게 되었다. 좁은 땅이라고만 생각했던

곳에 그만큼 다양한 사람들의 삶이 부딪치고 있었다는 사실을 알게 되었다.

그러나 그들의 삶이 다양하다는 것과 파편화, 개별화되었다는 것은 전혀 다른 의미이다. 우리는 이 책을 통해 청년 문제라고 불리는 현안들을 종합적으로 바라보고자 끊임없이 노력했다. 자본주의사회에서 파편화된 개인의 삶을 다양성으로 포장하지 않는 동시에, 청년들이 각자 가진 삶의 방식은 존중해야 했다. 청년 문제를 언급하면서 동시에 청년 세대를 '청년으로만' 대상화하지 않아야 했다. 함께 세상을 바꾸자고 제안하면서, 청년 세대를 세상을 바꾸기 위한 수단이나 도구로 인식하지 말아야 했다. 자칫 젊은 꼰대가 될까봐 항상 주의해야 했다.

어려운 일이었다. 하지만 미약하게나마 하나의 방향성을 제시했다고 믿는다. '청년'이 허구라고 주장하는 입장과 '청년'만 내세우면 뭐든 가능하다는 입장, 두 극단적인 견해의 중간이 아니라 둘을 종합하면서 나아가야 한다는 주장을 펼치고자 했다. 청년 운동과 진보 운동의 일치를 위한 시도였다.

물론 아직 많이 부족하다. 아직 청년 세대에 대한 개념 정립 작업이 완성된 것은 아니다. 그러나 이는 조금 더 논리를 다듬는다고, 더 많은 시간 책을 읽고 머리를 굴린다고 해결되는 문제가 아니다. 우리는 이 책을 통해 제시한 방향을 토대로 더 많은 청년들을 만나고 그 기록을 통해 평가하고, 검증하고, 토론해나가며 조금 더 구체적인 방향성을 만들어내야 한다.

답은 현실에 있고, 그 현실에서 찾은 답을 글로 옮기는 작업이
계속되어야 한다.

5.

스무 명의 인터뷰어들을 모아놓고 가장 먼저 한 일은 청년
문제에 대해서 공부하고 토론하는 것이었다. 두 달에 걸쳐서
네 개의 팀으로 나누어 책과 영상을 보며 세미나를 진행했다.
《노동자 쓰러지다》,《노오력의 배신》,《우리는 왜 공부할수록
가난해지는가》,《청년, 난민 되다》등의 책을 읽으면서 한국
사회에서 청년 문제가 어떠한 의미인지에 대해서 배워나갔다.
청년들을 만나기 이전에 우리들 스스로가 청년 문제를 이해할
필요성이 있다고 고민했기 때문이다. '인터뷰'라는 형식을
체화하기 위해, 전문 인터뷰어인 지승호 작가의《마음을 움직이는
인터뷰 특강》을 읽고 내부에서 자체적으로 인터뷰 시뮬레이션을
진행하기도 했다. 그렇게 나름대로 철저히 준비했지만, 일이
뜻대로만 되지는 않았다.

　청년 실업, 주거난, 노동, 기타(중국 동포, 성소수자 등) 네 개의
팀으로 나누어 각자 인터뷰할 대상을 찾아 나섰지만 인터뷰이는
쉽게 모집되지 않았다. 취직 과정이나 직장 생활에서 어려움을
겪는 청년들은 그나마 쉽게 찾을 수 있었지만, 기타 팀에서
만날 대상들은 어디에서 어떻게 섭외해야 할지 감조차 잡기

어려웠다. 성소수자들은 자신들의 신변에 혹시라도 위협이
될까 두려워했고, 중국 동포들은 한국인과 인터뷰하는 것
자체를 꺼려했다. 무작정 만나서 인터뷰 섭외를 요청해보기도,
설득에 설득을 거듭하는 과정을 거치기도 했다. 이렇게 100명의
청년들을 만났고 700페이지가 넘는 인터뷰 자료를 만들었다.
학생 그룹은 고등학생부터 대학생을 거쳐 대학원생까지 만났다.
자택, 고시원, 자취방, 기숙사 등 다양한 주거지에 사는 청년들을
만났다. 창업 사장, 편의점 노동자, 기간제 초등학교 교사, 외식업
종사자, 생산 공장 기계 검사원, 화장품 판매 노동자, 상하수도
설계사, IT 개발자, 소방공무원, 반도체 업체 노동자, 예술가
등 정말 많은 직업군의 청년들을 만났다. 물론 함께 고생하며
인터뷰를 진행해준 스무 명의 인터뷰어들이 없었다면 해내지
못할 일이었다.

　이 책에 쓰인 청년들의 이야기는 모두가 사실이다.[19] 평범한
청년들의 일상적인 고민과 어려움이다. 그들의 이야기가
조금이라도 알려지면 좋겠다. 또 해결책이 만들어지는 데
도움이 되면 좋겠다. 이 책을 읽어주시는 모든 분들과 스무 명의
인터뷰어들 그리고 인터뷰를 흔쾌히 수락해준 청년들에게 감사의
말을 전하고 싶다.

지은이 일동

미주

1. 한국교육개발원 교육통계서비스. http://cesi.kedi.re.kr/index
2. 김보경, 〈한국 성별 임금격차 37%로 OECD 최고··· 경제성장 저해〉, 《연합뉴스》, 2018년 3월 5일 자.
3. 그러나 올림픽 폐막을 앞두고 진행한 설문조사에서는 다른 결과가 나타났다. '40대를 제외(2030이 아니라)한 전 세대'에서 긍정적 답변이 증가한 것이다. 한국갤럽에 따르면 20대의 51%, 30대의 46%, 40대의 55%, 50대의 53%, 60대 이상의 45%가 단일팀 구성에 대해 '잘된 일'이라고 평가했다. 남북 상호 간의 지속적인 합의와 협력으로 정상회담이 개최되는 등 한반도는 이전과 다른 모습을 보이고 있으며, 이에 대한 긍정적인 여론은 세대에 무관하게 늘어나고 있다. 이것 역시 청년 세대를 타겟으로 한 언론 보도들의 허구성을 잘 보여준다.
4. 고용노동부 e-나라지표 고용센터 구인, 구직 및 취업현황(2018.11.). http://www.index.go.kr/potal/main/EachDtlPageDetail.do?idx_cd=1505
5. 이세원, 〈일자리 미스 매치, 대기업-중소 연봉 격차 50대엔 4천 656만원〉, 《연합뉴스》, 2018년 3월 25일 자.
6. 박선영·박재현, 〈슬픈 공시족의 나라, 합격률 1.8%··· 기회의 문은 열려 있나〉, 《한국일보》, 2017년 3월 30일 자.
7. 송윤경, 〈의사 월급은 1300만원··· 비정규직 노동자의 약 9배〉, 《경향신문》, 2018년 4월 15일 자.
8. 박영우, 〈신입 4명 중 1명은 1년 내 퇴사··· '취업 반수생'영향〉, 《JTBC 뉴스룸》 2016년 6월 6일 자.
9. 정책팀, 〈중소기업서 짐싸는 노동자들··· 대기업과 이직률 격차 역대 최대〉, 《연합뉴스》, 2018년 3월 25일 자.
10. 이진희, 〈기숙사 안 돼. 대학가 님비현상··· 갈 곳 없는 대학생〉, 《서울파이낸스》, 2017년 12월 15일 자.
11. 2014년 통계청 자료에 따르면 한국에서 집을 가진 사람은 약 1,265만 명

이다. 이를 가구로 환산하여 계산하면, 집을 가지고 있는 가구 단위가 절반 이상으로 생각보다 많다. 그런데 전체 주택 소유자의 51.8%가 40~50대다. 반면 30대는 14.5%에 불과하다. 전년도와 비교해보면, 40대 이상 주택 소유자는 1년 전보다 30만 명 증가한 데 비해, 30대 이하 소유자는 4만 8,000명 줄었고, 20대 이하는 1만 2,000명 감소했다. 2017년 주택 소유자의 숫자는 1,331만 명으로 늘어났다. 정리하면, 집을 가진 사람들은 늘어나고 있는데 이는 대부분 40대 이상이며, 청년 세대가 집을 가질 기회는 줄어들고 있다. 부동산을 둘러싼 세대 간의 불균형은 엄연히 존재하는 현실적 문제이다.

12. 특별취재팀, 〈[쪽방촌을 바꿔라⑤]'진짜 집주인'누구인가… 타워팰리스 거주자·고교생까지〉,《뉴시스》, 2018년 1월 22일 자.

13. 정책팀, 〈청년 취업 비상, 5년간 10조원 쏟아부었지만… 청년 실업 역대 최고〉,《연합뉴스》, 2018년 2월 4일 자.

14. 중앙선거관리위원회 보도자료에 따르면, 2017년 대통령 선거 연령대별 투표율은 20대 76.1%, 30대 74.2%, 40대 74.9%, 50대 78.6%, 60대 84.1%, 70대 81.2%, 80세 이상 56.2%이다. 또한 2018년 제7회 지방선거 연령대별 투표율은 20대 52%, 30대 54.4%, 40대 58.6%, 50대 63.3%, 60대 72.%, 70대 74.%, 80세 이상 50.8%이다.

15. 페르마타, 〈프랑스 대학생이 투표율이 높다고? 그런데 말입니다?,《고함20》, 2016년 2월 22일 자.

16. 박형윤, 〈더민주 청년비례 후보, 홍창선 측근 최종후보 선정 논란〉,《서울경제》, 2016년 3월 14일 자.

17. 박윤상·공명규, 〈청년 정당 '시대역량'인터뷰〉,《고대신문》, 2017년 3월 21일 자.

18. 안용성, 〈청년 비정규직 비율 사상 첫 50% 돌파… 첫 직장부터 고용 불안〉,《세계일보》, 2018년 3월 18일 자.

19. 인터뷰이 요청에 따라 책에 명기된 이름은 모두 가명으로 처리했다.